그래 좋아
나여서

도서출판 배문사

그래 좋아

나여서

劭熙 김경희 수필집

책을 내면서

순수함을 느꼈다면,
깨끗함을 보았다면,
그리고
아직은 잃어버리지 않은 꽃사슴 눈동자처럼
맑은 그대만의 서정을 끌어내어
맛보고 느끼고 엿볼 수 있었다면,
그래서 읽고 난 후
"그래 그래!"
고개 주억거릴 수 있는 공감대가 생겼다면,
그것으로 충분하다 싶습니다.

계절 지나 또다시 봄이 오면 잊힌 줄 알았던 추억 한 줄과 감춰 둔 그리움 한 조각을 살며시 꺼내어 들여다보고 싶을 때, 조심스레 그대의 작은 책상 위에 올려놓고 볕이 부서지는 창가에 기대어 행복 속 쉼이 되었으면 합니다.

작가란 자기만의 세계에 빠져 늘 허우적거립니다. 선장이 방향키를 돌려 뱃머리를 돌리듯 독자가 손 내밀어 잡아 준다면, 고뇌에 빠졌을 때 새로운 희망의 시어를 뽑아내기도, 내민 손 따스함으로 행복의 시어를 엮기도 하는 것이지요. 그것이 바로 독자의 힘이요, 함께 함으로 얻는 행복인 것입니다.

저의 글로 인해
당신의 삶에 한 줄기 희망의 꽃이 될 수 있다면,
춥고 외롭고 쓸쓸할 때
따스한 한 줌의 볕이 될 수 있다면,
행복에 겨워 더 큰 행복으로 함께 할 수 있다면
더 이상 바랄 게 없을 것 같습니다.

새롭게 주신 덤으로 사는 인생이기에 좀더 부지런히, 좀더 성실히 살 수 있도록 새 생명의 은혜로움을 주신 하나님께 최고의 찬사를 올려 드립니다. 더불어 할 수 있다고 늘 힘이 되어 주고 같이 애써 준 가족 모두에게 감사의 말을 전하고 싶습니다.

함께 할 수 있는 지금 이 순간이 진정 행복임을 다시금 느껴 봅니다. 감사합니다.

차 례

제2부

들꽃은 피고

제3부

들꽃이기에

제4부

들꽃처럼

제5부
아쉬운 길목에서

마음 한 켠에
꼬깃꼬깃 접어 둔
쓴소리,
그리고 나
'함께 할 수 있음이 진정 행복입니다~~!'

제1부

바람에 흔들리는 꽃

일상에서 찾은 작은 여유

오늘도 어제와 똑같은 시간에 알람이 운다. 새벽 여섯 시 삼십 분. 딸들은 겨울 방학이라 안 깨워도 되니 10분 쯤 여유롭게 다시 누웠다. 오늘은 어제보다 좀 추운 듯 새벽 공기가 쏴한 느낌마저 든다. 정확히 게으른 10분을 채우고 화장실 가서 떠지지 않는 두 눈을 찬물로 씻어내고 어젯밤 야식으로 먹은 라면 끓인 냄비랑 젓가락 씻어 놓고 추운 겨울바람에 감기 안 걸리게 목도리까지 두르고 서둘러 집을 나선다. 간밤에 내린 눈발이 제법 쌓인 자동차 위 눈을 대충 쓸어내리고 시동을 건다. 다행히 길은 얼지 않아 운전하기에 다소 어려움은 없다.

"혜미 아빠 안녕."

하며 우리 상회 가게 문을 연다. 9년째 내가 하고 있는 가게의 야채를 난 여기서 꼭 9년째 직접 구입하고 있다. 둘째 시누이의 둘도 없는 영혜라는 친구네가 하는 그리 큰 매장을 가진 가게는 아니었지만 편한 마음으로 들리는 도매상 채소 가게다. 안동은 2일, 7일 5일장이 열린다. 장날만큼은 이글거리는 태양도, 칼바람 매서운 한파도 다 물리친 머리 허연 꾸부정 할매들이 길가 한쪽, 가져온 보따리를 풀어 놓는 장사진을 볼 수 있다.

"새댁요 이것 좀 사 가소."

"새댁요 요건 텃밭에서 키운 시금치라 무지 다니더."

허름한 옷차림에 검정 봉다리에 헌 옷 집어넣은 의자도 아닌, 방석도 아닌 그 곳에 쪼그리고 앉아 있는 할매들은 옛적 내 어릴 적 친할머니 같은 정감을 풍기며 발길을 잡곤 했었다. 그런 안쓰럽고 고생하시는 할매들의 진실된 내면을 들여다본 건 내가 가게를 하면서였다. 직접 키웠다던 땅콩, 고구마, 갖가지 나물이며 채소는 도매상의 물건을 떼어다 신문지 혹은 버려진 박스에 조금씩 담아 측은함을 볼모로 꼬질꼬질한 남루한 옷차림으로 세월의 고단함을 깊게 패인 주름으로 뒤덮고 애절한 목소리로 '새댁' 하며 팔았다는 사실을……. 요즘 젊은 아이들이 쓰는 말로 '헐' 이다.

북적이는 장날 이른 아침 재래시장은 팔려고 나온 상인과 사려고 하는 손님들로 상회도 횡단보도도 자가용과 트럭으로 요란스럽다. 오죽 통제가 안 되었으면 주차 위반 경찰차가 "차 빼세요." 하며 교통정리를 해 줄까. 복잡한 시장을 벗어나 가게로 향하는 8

분 남짓한 시간에 강변을 달리는 차선에선 댐이 가까이 있는 이유로 자주 강 위에 떠 있는 자욱한 물안개가 풍기는 포근함을 볼 수 있어 참 좋다.

보안카드로 잠긴 문을 열고 시장에서 사온 채소와 갖가지 야채를 주방으로 넣어 놓고 자판기 커피 한 잔으로 하루를 연다. 아직 오전 8시 10분, 부지런히 사온 야채를 다듬고, 씻고, 자르고, 삶고, 무치고, 볶고 하다 보면 오전 10시 20분, 애 아빠랑 아침 겸 점심을 먹는다. 식사 후 잠깐의 여유 시간을 쪼개어 커피 한 잔 하면서 핸드폰으로 몇몇 지인들과 카톡을 주거니 받거니 하다 11시 10분쯤 내 자리 주방으로 들어가 부침을 부치고 된장을 끓이고 오늘 첫 손님을 맞는다. 올해로 9년차다. 무엇을 해야 되나가 아닌 몸이 먼저 알아서 움직여 준다. 자동적인 행동은 세월이 가져다 준 여유로운 노하우인 것 같다.

금방이라도 눈이 올듯 아침 햇살 없는 하늘은 잿빛으로 흔들리고 있다. 어릴 적 내 엄마는 찌뿌둥한 꼭 오늘 같은 날이면 매번 칼국수를 끓여 주셨다. 콩가루와 밀가루를 반반씩 섞어 반죽해서 동생 키보다 훨씬 큰 홍두깨로 팔 아플 법도 하건만 얇게 밀어서 전분가루 솔솔 뿌려 얇게 채썰어 호박 넣고 끓여 주셨다. 김장김치를 한쪽 쭉 찢어 김 모락모락 나는 칼국수와 같이 먹는 그 맛을 지금도 잊을 수 없다. 너도 나도 먹고 살기 힘들었던 그 시절이 그

립고 돌아가고픈 생각이 결코 들진 않지만, 소담스런 국화꽃을 닮은 내 엄마의 넉넉한 품이 그리워서인지 이젠 그립다.

선뜻 낯선이에게 다가가지 못하는 소심한 성격의 내가 수많은 사람을 상대하는 음식 장사를 하기란 결코 쉬운 일은 아니어서 내 나름 큰 용기가 필요했었다. 지금은 나이가 모든 걸 덮어 주듯이 매사에 여유가 묻어나와 선뜻 웃을 수 있고 먼저 반갑다고 손 내밀 줄도 안다.

여기 안동은 동서남북이 산으로 둘러싸여 있는 분지다. 동쪽에 자리잡은 편안한 고장. 폭설 한 번 내린 적이 없고 홍수 한 번 난 적 없는 청정 지역으로, 한우 하면 안동을 최고로 쳐 준다. 그런 이곳 안동에서 5년 전 구제역이 발생했다. 사태는 심각했다. 소는 물론 돼지에게까지 번져 자식 이상으로 키우던 소와 돼지를 산 채로 묻는다는 것은 평생을 업으로 살아온 농민들에게 있어 큰 시련과 아픔이 아닐 수 없었다. 더구나 한 번 매몰된 지역은 향후 3년은 가축은 물론 일체의 다른 농사도 못 짓는다 했으니 두 번 말해 무엇하겠는가.

이제 좀 자리를 잡나 보다 하며 한숨 돌리려는 그 시기에 구제역 사건은 자영업을 하는 우리 가게, 아니 안동은 물론 전국 모든 음식 가게에 직격탄을 날렸다. 그 여파는 5개월 이상 지속되었기에 여기저기 문닫는 가게가 속출했고, 다른 메뉴로 간판을 바꿔

다는 가게가 다반사였다. 같이 손발을 맞춰 가며 가게 일을 도와 준 직원들도 하나둘 그만 둬야 했으며, 가겟세부터 직원들 봉급까지 각종 세금으로 '부도란 이렇게 시작되는구나.' 하며 하루 종일 동동거리며 맘 졸이고 살았다. 지금 가게 문을 닫으면 대출금은 물론이며 가게에 투자한 시설비도 못 받고 나가게 되니 힘들더라도 끌고 가자고 애 아빠와 의논하고 직원도 없는 백 평 남짓 가게를 둘이서 끌고 갔다.

어느 정도의 시간이 지나면서 발길을 돌렸던 손님들도 찾아와 주기 시작했고, 다시금 안정감을 느끼며 부지런히 가게를 꾸려 왔지만 이번엔 경기 침체라는 무서운 폭탄 투하다. '정권이 바뀌면 다시금 경기가 살겠지.' 하며 하루하루 버텼지만 나아지는 기색은 없고 점점 떨어지는 매출에 맥 빠져 있었는데, 또 한 번의 구제역이 조류 독감과 함께 발생했다.

이젠 진짜 비상사태다. 악화된 경기도 살아날 기미가 안 보이는데 또다시 구제역이라니! 이젠 진짜 가게를 접어야 하는 건가! 예상치 않은 구제역 발생으로 또 한 번의 고비를 넘길 것인지 아님 과감히 가게를 접어야 하는 것인지 마음이 심란하다. 이 어지러운 현실에 가슴 속 저 밑에 깔려 있던 욕망이 꿈틀거리기 시작했다. '손님이 적으면 좀 천천히 하고 예약 건이 들어오면 그때그때 도우미 도움을 받으면 되니 마음 비우고 현실에 충실하자.' 고

마음 돌려 먹으니 그리 편할 수가 없다. 적자도 아닌 흑자도 아닌, 본전치기면 어떤가. 내가 이른 새벽 눈 뜨면 해야 할 일이 있고, 달려갈 그 곳이 있음에 감사하니 또 다른 세상이 보이기 시작한 것이다. 이리도 비우면 편한 것을, 이리도 내려놓으면 가벼운 것을 받아들이며 산다는 그 자체가 이 나이 되니 비로소 생긴 것이다. 마음의 여유가 생기니 모든 세상이 아름다워 보이기 시작했다. 쫓기며 살아온 지난 날 속에 잊고 살았던 글쓰기에 대한 욕망과 30년 만에 다시 만난 스승님의 가르침에 15세 사춘기 제자로 돌아갈 수 있는 행복을 느끼며 살고 있다.

늘 검은 뿔테 안경 너머로 항상 하늘을 응시하시던 그 선생님을 '어쩜 올 한해 안으로는 찾아가 뵐 수 있지 않을까?' 하는 행복한 고민을 하면서 오늘 하루도 별탈없이 수고한 가게 문을 잠근다. 두 평 남짓 되는 가게 앞 작은 화단엔 올해도 고추와 오이와 호박을 심을 예정이다. 해마다 심어 왔기에 이젠 일상이 되었지만, 지난해 떨어져 긴 겨울 언 땅 속에서 이제나 저제나 봄기운 기다리는 분꽃씨가 수줍은 꽃망울을 피울 테니 이 겨울 또한 그리 길게 춥진 않을 것 같다.

2011. 어느 봄날

고봉밥

"생일이구나. 이따가 점심 먹으러 와. 오늘 미역국 끓이는 날이거든. 알았지."

하며 웰 음료수를 하나 건네주고 먼저 탕을 나가시는 언니를 보며

"네, 언니. 잘 마실게요. 고마워요."

했다.

음력 4월 6일인 오늘은 내 생일이다. 올해 케익에 꽂을 초의 갯수는 큰 초 다섯 개와 작은 초 두 개가 될 것이다. 해마다 돌아오는 생일이 무에 그리 대수로울까마는 꼬박 1년 6개월의 암 치료를 마치고 맞는 생일이기에 더 큰 의미가 있다. 나 자신부터, 그리고 나를 아는 모든 분들 또한 내가 아픔을 이겨 낸 것에 대한 대견하고 고마움에 식당을 하는 언니 또한 생일이니 밥 먹으러 오라고 하셨을 것이다.

매일 사우나를 같이 하면서, 러닝머신과 자전거도 같이 타면서 새벽을 열고, 하루를 시작하던 멤버 중 하나인 내가 어느 날 암 선고를 받고 치료 중이라는 소식을 접했을 때 언감 생각도 못 했던 일이었기에 정말이지 다들 자신의 일처럼 많이 걱정해 주셨다.

항암으로 다 빠졌던 머리카락이 삐죽삐죽 다시 나오고 어느 정도 모자를 안 써도 될 즈음부터 다시 목욕탕을 나왔을 땐 보는 사람들마다

"괜찮니? 이젠 괜찮은 거지?"

하며 친언니처럼, 친동생처럼 마음을 써 주셨다.

생일이라고 점심 식사를 같이 하기로 한 모임 친구들에게 옥랑 언니 식당으로 오라고 위치를 알려 주고, 나 먼저 식당으로 갔다. 고등어 정식으로 꽤 유명한 식당이고, 특히 입맛 까다롭다는 택시 기사들에게 인기가 많아 더 유명하니 더 말해 무엇 할까. 언니는 태화동에서 거의 30년째 매일 장도 손수 보고 주방까지 직접 보시면서 식당을 운영하고 계신다.

"언니. 우리 여섯 명이야. 특정식으로 주세요."

"그래. 맛있게 해 줄께. 어서들 앉아."

"이 집 아는 집이야?"

같이 간 친구 말에

"응 사우나 멤버야 ㅎㅎ"

곧 열 가지가 넘는 반찬이 정갈하게 차려지고 공기밥과 미역국이 나왔다. 세상에나. 내 밥은 고슬고슬한 노란 조밥을 꾹꾹 눌러서 둥그런 고봉으로 담겨 나왔고, 국으로 나온 미역국 또한 금방 몸 푼 산모에게 담아 주 듯 한 대접 가득 나온 게 아닌가.

"아니 언니. 무슨 밥을, 국도 이렇게나 많이 주세요?"

"원래 생일날은 그렇게 고봉밥을 퍼 주는 거야. 많이 먹고 이젠 아프지 마. 그리고 먹고 더 먹어."

하신다. 친정엄마가 살아 계셨다면 그렇게 해 주셨을 것이다. 너무도 일찍 하늘나라로 가신 엄마 생각에 목울대가 꿈틀거리며 그리움을 삼켜내고 있었다. 아무리 잘 아는 사이라 하지만 이렇게까지 마음 써 주실 줄은 짐작도 못 했다. 이런 언니를 엄마로 둔 당신의 딸들이 샘나도록 너무도 부러웠다.

사실 언니라고 부르기엔 솔직히 좀 무리는 있다. 언니 나이가 올해 72이요, 내 나이 52이니 엄마뻘이 아닌가. 그래도 워낙 동안이셔서 나이를 묻기 전엔 그저 언니라는 말이 자연스레 나오게 되었다.

그런 언니의 손을 꼭 잡고 내가 다니는 안동 교회에 새 신자로 등록시켜 드렸다. 언니의 막내딸 미영 씨는 미국에 이민 가 사는데, 일 년에 한 번씩 거의 20일 정도 나왔다가 다시 미국으로 들어간다고 했다. 올봄에도 다녀가면서 식당 한 켠에 꽂혀져 있던 내 시집을 읽었던 모양이다. 그리고 시집 속 서정이 곱게 전달되었던 것 같다.

글들이 인상 깊게 마음에 남는다고, 그리고 내가 교회에 다닌다는 걸 듣고 나서는 연락처까지 언니에게 물어 보았다고 했다.

언니는 좋은 사람이라고 날 소개하셨던 모양이다. 게다가 교회까지 다니고 있다 하니 미영 씨는 친정엄마를 인도할 사람으로 날 주저 없이 선택한 것이다. 어찌 됐든 주일날 예배드리러 같이 가자고 몇 번을 권유했다가 계속 미루고 다음에 가자 하시더니 드디어 오늘 함께 가신 것이다. 애 아빠가 나랑 언니를 교회까지 에스코트해 주었으며, 때마침 새 신자 등록을 담당하고 계시던 우리 구역 권사님의 안내로 순조롭게 등록을 마칠 수 있었고 바로 4부 예배를 드리러 올라갔다.

"왜 이리 가슴이 뜨끔뜨끔하지?" 촉촉해진 언니의 눈가를 보면서 어렵게 하나님 앞에 나와 주신 그 마음과 미흡한 나를 도구로 삼으셔서 언니를 주님의 품에 인도하심에 나 또한 찬양 내내 언니의 표현대로 뜨끔뜨끔한 은혜와 감사의 눈물을 흘렸다.

언니의 손을 꼭 잡고 설교를 듣는 예배 시간 내내 마흔넷이라는 꽃다운 나이에 돌아가신 친정엄마가 옆에 계신 것 같은 편안함과 따스함을 느꼈으니 아무래도 주님의 은혜는 언니가 내 생일날 고봉으로 밥을 퍼 준 것처럼 가득히 가슴에 쌓인 것 같다.

2019. 여름이 시작되는 날

그리운 이름 아버지

첫눈치고는 꽤 많은 양의 눈이 거리를 덮기 시작했다. 바람도 함께 불어오면 어쩌나 하는 근심어린 눈으로 베란다 창문을 열어 본다. 물기 먹어 뽀송 날리는 눈발이 아닌 무거움에 온 몸 내던지 듯 툭툭 떨어지는 눈발이 첫눈이어서 반갑다는 설렘보다는 블랙아이스가 되는 건 아닐지 자못 진지할 만큼 걱정스러웠다. 땅이 얼어 있어도 포크레인의 힘을 빌리면 하관하는 데 큰 무리가 없겠지만 오늘 내린 눈이 밤새 얼었다가 아침 햇살에 녹으면서 질편한 길을 만들면 어쩌나, 거기에 바람까지 동원돼 기온이 뚝 떨어지면 어쩌나 걱정이 되었다.

기우와는 달리 발인하는 날은 바람도 잠잠했고 어제 내린 눈 또한 응달진 곳에만 그 흔적을 드러낼 뿐 아침 햇살에 뽀송 다 말라 있어 눈이 오긴 했었나? 동지 지난 한겨울이 맞나 싶을 정도로 포근할 정도였다. 그랬나 보다. 작은아버님 가시는 길을 눈송이 날리어 환하게 밝혀 드리려 내렸나 보다.

그렇게 작은아버님 보내드리는 길은 순조로웠다. 많은 지인분들과 친척분들께서 끝까지 고인이 되신 분과 함께 했기에 산소 한 켠에 피워놓은 장작불만큼 따스한 마음들이 이젠 영영 뵐 수 없는 고인을 배웅해 드렸다. 상주들 역시 4일장을 치른 모습으로 지칠 만도 하건만 행복만 가득한 천국으로 가셨을 고인을 생각해서인지 우울함보다는 기쁜 마음과 안도하는 모습이어서 뭉클했다.

부모란 다 똑같을 것이다. 본인의 형제보다도, 본인의 부모보다도 자식이 먼저인 것을 보면 말이다. 그 누가 뭐라 해도 자식들한테 만큼은 넘치는 사랑을 주시고 가셨음을 우린 기억해야 할 것이다.

그해 봄엔 보랏빛 라일락꽃도 일찍 몽오리를 맺었었고, 앞산에선 아카시아 향이 은은하게 봄을 제대로 달궈 놓고 있던 오월 어느 날 새벽 4시쯤 친정아버지가 계신 요양병원에서 전화가 왔었고, 남편과 나는 놀란 마음에 서둘러 병원으로 향했었다. 요양병원으로 달려가는 길가에도 아카시 달콤한 향이 어둔 새벽길을 밝히어 어여 가라고 재촉하는 듯했었다.

내 친정아버지도, 오늘 보내드린 시작은아버님도 76세라는 다소 이른 연세로 생을 마감하셨다. 큰 병이 아니었다면 충분히 백세까진 다 사시다 가실 수 있었을텐데, 자식들 효도보다도 손주들

새록새록 크는 기쁨을 더 보시고 가셨어야 했는데.

꽃들이 흐드러지게 앞 다투어 피기 시작한 봄에 돌아가신 아빠도 해마다 돌아오는 봄이면 가슴이 시렸었는데, 추운 겨울날 돌아가신 시작은아버님 또한 철 바뀌어 또다시 겨울이 다가오면 한쪽 가슴이 많이 시려 올 것 같다. 부모를 잃는다는 건 계절과는 상관없이 커다란 산과 언제든 쉬고플 때 쉴 수 있는 언덕이 없어졌기에 비바람 거칠게 불 때마다 아프도록 시리고 추운 건 어쩔 수 없는 걸 게다.

당신 웃어 주던 얼굴도, 당신 엄하게 야단치시던 목소리도 이젠 추억 속에 담아 당신 그리울 때 하나씩 꺼내 볼 수밖에요. 하늘색 맑은 날, 투명한 바람 한 점, 놓아 버린 구름들의 미련없는 흐름까지 당신 가는 길을 배웅하는 듯합니다.

미움이 있었다면 그건 더없이 사랑하려 했던 마음이 앞섰기에 웃음 지을 수 있을 겁니다. 못다한 사랑을 이젠 그리움으로 갚아드려야겠네요. 훨훨 나셔요. 뒤 돌아봄 없이 그냥 가셔요. 너무도 일찍 먼저 가신 엄마가 5년 전 돌아가신 아빠를 마중 나오셨듯이 12년 전 먼저 가신 작은 시어머님께서도 이미 마중 나와 계시리라 봅니다. 훨훨 모든 것 다 내려놓으시고 천상에서 두 분 편안한 쉼 하시길 빌어 봅니다.

2019. 초겨울 날

밤하늘 홀로 떨고 있는 듯

목련꽃을 좋아하진 않는다. 봄의 전령사여서 꽃을 피우기 전 맺힌 몽오리의 소탐함이 예쁘다고, 탐스럽다고 생각한 적은 있어도 아름답다고 느껴 보진 못했다. 왜일까? 뽀오얀 우윳빛 도도함, 그 향에 취하기도 전에 너무 도도해서인지 다가가려 하면 어느새 지고 말기에, 한 줄기 봄비에 금새 떨구는, 전령사 이름표 뒤에 감춰진 연약함이 싫다면 이유가 될까?

교무실과 나란히 자리한 목련은 내가 다니던 여중학교 교화였다. 사춘기 소녀의 감수성을 최대로 끌어올렸던 2학년을 나름 멋지게 보내고, 3학년 되던 그 해 봄에도 목련은 서둘러 피었고 다가가기 전에 지고 있었다.

잠자리 뿔테 안경을 쓴 아이. 엉성하게 양 갈래로 땋은 제법 긴 머리. 나보다 조금 키가 작은, 그림을 무척 잘 그렸던 아이. 크게 소리 내어 웃을 줄 모르는 조금은 새침데기, 깍쟁이, 그 아인 강남에 살았다지. 백일장에서 '저녁' 이라는 제목으로 시 부문 차하상을 받았을 때 그 아인 축하한다며 저녁노을 그림을 배경으로 판넬을 만들어 내게 주었었다.

한 편의 멋진 그 작품은 교무실 올라가는 계단에 전시되어 내 어깨를 얼마나 으쓱하게 만들어 주었었는지. 그 아이에게서 나에겐 없는 여성스러움을 보았던 걸까? 목련꽃에 자연스레 눈길이 갔었고, 어디서인지 목련의 은은한 보드라운 향이 날린다 했더니 그 아이에게서 느꼈던 모양이다. 그때부터였나 보다.

내 앞에 앉은 그 아이가 좋아지기 시작한 것이. 일기를 쓰면 꼭 그 아이를 주제로 하루 일과를 적었던 기억이 새롭다. 지금도 봄이 오고 백목련이 피면 그 아이 웃는 모습이 클로즈업되기에 혼자 미소 짓곤 한다.

소중하게 간직했던 그 판넬도, 그 시절 일기장도 몇 번의 이사로 없어졌지만 내 가슴 속 한 켠엔 그대로 남아 있기에 가끔씩 꺼내어 싱긋 웃을 수 있다. 여중 졸업식 날 그 아이 어머니를 처음 봤다. 내 엄마완 상반된 무척 멋쟁이이셨고, 세련된 모습으로 내 기억에 남아 있으며, "사진 같이 찍으렴." 하며 상경이와 나 둘만의 사진도 그 아줌마 카메라로 찍으셨고, 지금도 난 나에겐 없지만 그 친구 앨범엔 꼭 그때 나랑 같이 찍은 둘만의 졸업 사진이 있을 거라고 믿고 있다.

꼭 있을 거라 믿고 있는 이유는 그 아이도 분명 날 좋아했었다고, 친구라 여겼을 거라고 자아의 높이 또한 동등했다고 혼자만의 착각을 하는 걸까? 아님 그렇게라도 생각해야 내 사춘기 학창시절이 밑지지 않았다 치부할 수 있는 걸까? 내가 더 좋아했음을 들키기 싫어하는 이중 심리인가? 어쨌든 그건 그 친구를 만나면 꼭 물어 보려 기억 창고 속 1번으로 남겨 뒀다.

그 날 이후로 단 한 번의 연락도 없었지만 다른 동창들 얘기로는 서울대에서 미술을 전공했다는 소식만 들었을 뿐이다. 나와는 모든 면에서 판이하게 달랐던 김상경. 억지로 끼워 맞추자면 감수성이 통하지 않았었나 싶다. 이성에 눈을 뜰 그 나이. 난 이성이 아닌 동성에 푹 빠져 있었다. 하늘 보기를 좋아하셨던 첫사랑 국어 선생님에게서 목련을 닮은 그 친구에게로.

그 아이 웃는 모습이 그려진다. 씨익 웃는, 곧잘 웃어 주었었는데, 좋아하는 만큼 다가가지 못하는 데는 또 다른 이유가 있었다. 옆 반에 있는 전교 1, 2등 하는 그 아이, 그 아인 상경을 무척 좋아했다. 아주 대놓고. 첫사랑 국어 선생님 앞에 나서지 못했던 나의 2학년 때랑 똑같다. 소심한 성격 탓이 지배적이었겠지만, 그때도 키 작고 창을 잘 부르던 친구가 있었는데, 대놓고 "선생님을 좋아한다."고 공공연하게 떠들고 다니는 통에 이유 없이 그 아이 눈치를 봤었다. 지금 생각하니 엄청 웃음이 나온다.

하지만 그땐 무척 심각했었고 그 아이가 미운 만큼 더 많이 난 나를 드러내려 하지 않았다. 아니 드러낼 그 무엇도 없었었다. 열등감이었겠지. 그 명숙이란 아인 키는 작았지만 늘 자신감에 차 있었고, 배웠는지 창을 잘 불렀었고 전공도 그쪽으로 했다고 들은 것 같다. 존재감 없이 학교를 다녔던 난 필요 이상으로 주눅 들어 있었던 걸 게다. 괜히 쑥스럽고 뒤통수 긁적이며 멋쩍어진다.

하지만 이 친구는 달랐다. 이름은 잊었지만 상경이에 대한 굉장한 집착으로 옆에서 지켜보기 부담스러울 정도로 지극 정성이었고 헌신적이었다. 공부도 잘하고 시원시원하게 생겼고, 컷트머리가 무척 잘 어울리는 여성스러우면서도 남성적인 야성이 미미할 정도지만, 언뜻언뜻 그의 눈에 비치는 걸 느낄 정도였다. 허나 그 친구 또한 '그 친구만의 독특한 행동이 매력적이었다.' 라고 생각되는 건 지금도 변함없다.

'그런 친구를 만약 내가 사귀었더라면 멋진 추억을 만들 수 있었을텐데.' 하는 아쉬움이 이 나이에도 남아 있는 걸 보면 제3의 그림자로 그 친구들 주위를 나 또한 배회한 건 아니였나 느껴진다. 굳이 존재에 의미를 부여한다면 '계륵' 이라는 표현이 적절할 것 같다. 적어도 그들의 틈바구니에서는 적절한 거리 유지와 불가분의 필요 가치가 있었기에 말이다.

참 멋있는 친구였다. 기억에 남을 만큼의 부딪침이 별로 없었지만 지금도 또렷이 그려지는 그 친구는 백합을 닮은 듯하다. 우아한 반면 카리스마가 있고, 완벽하게 다 갖춘 듯 고고하면서도 왠지 측은해 보였던, 뒷모습에선 외로움의 그림자가 깔려 있는 그런 인상이 남아 있다. 어쩌면 남녀 공학이었고 그 아이가 남자였다면 한 편의 멋진 로맨스로 남지 않았을까? 진짜 멋졌을 거란 생각이 지금도 지배적이다.

시대가 바뀌어 동성 간의 사랑도 합법적인 21세기이긴 하지만. 이건 어디까지나 나만의 생각임을 밝혀 둔다. 요즘 아이들은 스마트폰으로 세상 어디든 다 뒤져 볼 수 있지만 그 당시 우리들의 유일한 이탈 행위는 로맨스 순정 소설책이었다. 교과서 반 크기로 책 속에 끼워 넣어도 티가 나지 않아 수업 시간에 무지 많이 읽었었다. 그 시절, 철없어 행복했던 그 시절, 그 무엇과도 바꿀 수 없는 나의 학창 시절, 생각만으로도 빛이 뿜어져 나오는 듯하다.

당시 아빠는 미장일을 하셨다. 시멘트 묻은 장화와 작업복 빠는 건 늘 내겐 버거움이었다. 방과 후 곧장 집으로 와 아픈 엄마랑 말벗이 되어 주고, 저녁 반찬은 엄마가 얘기해 준 대로 하고 저녁을 다 먹고 부엌일을 끝내고 텔레비전 보다 아빠 코고는 소리에 불 끄고 자면, 떠지지 않는 눈두덩이 위로 새벽이 밝아 오곤 했다. “아야, 아야.” 하는 엄마의 신음 소리가 때론 듣기 싫었었다.

난 나중엔 죽을 만큼 아프지 않으면 아프다는 소리는 절대 하지 말아야겠다고 다짐하고 또 다짐했다. 엄마의 그 고통을 어찌 해 줄 수가 없기에 듣고만 있는 그 자체가 너무 힘들었을 게다. 난 지금도 어지간해서는 병원을 가거나 아프다고 낑낑거리진 않는다. 하지만 "세월에 장사 없다."더니 나도 모르게 입에서 오르락내리락 거리기에 어느 정도 나이 먹긴 먹은 모양이다.

이런 이유에서 난 집에 있는 것보다 학교에 있는 시간이 더 좋았다. 좋아하는 선생님 과목이 시간표에 있는 날이 더 좋았고, 특별 활동 시간(시창작반)이 있는 날은 더더욱 좋았다. 한 번은 타령에 조별 이름을 넣어 부르는 시간이 있었는데, 우리 조는 '군밤타령' 에 내가 붙인 조 이름에 개사까지 멋지게 해 불렀었고, 잘했다는 선생님 칭찬을 들었던 기억이 난다. 이 글을 쓰길 참 잘한 것 같다. 글을 쓰면서 몇 번을 웃었는지, 몇 번을 옛 추억에 잠겨 미소 지었는지 모르겠다. 너무도 소중한 추억 속 그 시절, 너무도 아름답게 남아 있기에 행복하다.

3학년 마지막 겨울 방학 때 눈이 엄청 많이 온 날이 있었다. 무작정 학교까지 걸어갔다. 운동장엔 그 누구도 밟지 않은 눈밭이 그대로 있었고, 난 성큼성큼 걸어가 영화 러브스토리에 나오는 이탈리아 이민 가정의 가난한 제니(Jenny: 알리 맥그로우)처럼 두 팔 벌려 하늘을 향해 뒤로 벌러덩 누웠다. 그 짧은 시간 동안은 그 어떤 부러움도, 걱정도, 두려움도 없었다.

이 겨울이 지나면 좋아하는 선생님도 친구 상경이도 못 보겠지만 이상한 건 그때부터 뭔지 모를 자신감이 생기는 것 같았다. 냉혹한 현실로 돌아온 거겠지. 그리고 서서히 그 현실에 적응해 가야 했기에 난 고등학교에 가서 진짜 열심히 했던 기억이 난다.

김유정 시인 탐방이 3학년 여름 방학 기간 안에 있었고, 난 당연히 친구들과 선생님들 인솔하에 다녀왔다. 난 선생님이 좋았던 거지 탐방엔 관심도 없었다. 엄청 더운 날씨였고 어쩌다 물놀이까지 하게 됐었다. 돌아오는 버스 안 온 몸은 높은 습도와 축축히 젖은 옷들로 땀띠 투성이가 됐었고, 밤새 가렵고 따가워 무척 고생했던 기억이 난다.

더운 날씨 탓에 처음엔 발만 담그고 놀다가 나중엔 물속으로 풍덩 들어가 놀았다. 어느새 선생님들도 물속으로 들어와 더운 몸을 식히고 계셨다. 누가 날 잡더니 물속으로 쑤욱 집어넣었다. 난 물속이 무서워 그 선생님 팔을 꼭 붙들고 나중엔 너무 무서워 선생님 품에 달려들었다. 선생님 겨드랑이 털이 유난히 부드럽다고 그 와중에 느낀 건 또 뭔지! 쉿 이건 비밀이다. 지금도 난 김유정 시인을 모른다. 그날 선생님 품에 안겼던 일, 그것만 기억할 뿐이다.

겨울 방학을 앞둔 어느 날 평소와 다름없던 그날, 굉장히 자존심 강한 아이가 우리 반에 있었다. 비쩍 말랐으며 키가 나보다 좀 더 컸던 것으로 기억되고 웃을 땐 하얀 덧니가 예쁜 그런 아이였지만, 친구들 사이에선 못됐다고 그러면서도 대놓고 싫은 티를 내지 못했던 그 아이. 그 아일 내가 울렸다. 곧 겨울 방학식을 할 테고 교과서 진도 또한 거의 끝났고, 친구들은 수업 시간에 맞춰 종종 교과서를 안 가지고 수업을 하거나 옆 반에서 빌려와 수업 받거나 그랬었다.

보통때 같았으면 수업 시간에 뒤로 나가 서 있거나 아님 체벌 없이 꾸지람만 듣고 말았을 텐데, 그날 그 선생님은 심기가 많이 불편하셨나 보다. 하필 내 번호를 부르셨고 수업 시간에 교과서 안 들고 온 친구에게 어떤 벌을 줘야 되는지 물으셨다. 왜 하필 나인가. 난 별뜻 없이 모기만한 소리로 "자아비판 했으면 좋겠습니다." 하고 앉았다. 학교 마치고 집에 가서 조용히 혼자 반성하는 게 내가 아는 자아비판이었다.

선생님은 그 친구를 포함한 대여섯 명 모두 교탁 앞으로 나오라 하시더니 "한 사람씩 자아비판을 하라." 하셨다. 그 친구가 먼저 지목됐고 처음엔 담담히 얘기를 시작하다 끝내 울면서 교과서 없이 수업함을 잘못했다 얘기하는 거였다. 난 정말이지 미치는 줄 알았다. 자리로 돌아온 그 친구는 책상에 엎드려 한참을 울었다. 수업 시간 내내 우는 것 같았다. 교실은 적막 그 자체였고 선생님께서도 분위기의 심각성을 느끼셨는지 나머지 아이들은 그냥 들어가라고 하셨다.

휴. 지금도 가슴 한 켠이 저미 듯 아픈 한숨이 나온다. 바늘방석에 앉은들 이보다는 나을 듯 싶었다. 얼마나 자존심이 상했을까? 얼마나 수치심을 느꼈을까? 왜 하필 날 지목하셨는지. 난 또 왜 자아비판이라는 잘 알지도 못하는 엄청난 말을 했는지 후회와 속상함에 미칠 것 같았다. 끝나지 않을 것 같은 긴 수업 시간이 끝나고 난 그 친구에게 가서 미안하다고 사과했다.

그런 뜻이 아니었다고 정말 미안하다고. 집에 가서 혼자 하는 게 자아비판인 줄 알았다고. 눈이 퉁퉁 부은 그 아일 보면서 나도 펑펑 울어 버렸다. 그 선생님이 너무 너무 미워서.

밤새 쓴 사과 편지를 그 친구 책상 서랍에 넣어 두기 위해서 난 다음 날 일찍 학교엘 갔다. 며칠 뒤 그 친구에게서 "너 잘못 아니잖아." 단 한 줄이 적힌 답장이 내 서랍 속에 있었다. 그리고 난 서먹했던 그 몇 날이 너무 속상해 책상에 엎드려 울었다. 그 친구가 고마워서.

추억 속 상념이라는 길을 걷다 보니 파란 하늘도 끝없이 보이고, 빠알간 사춘기 여드름도 불쑥불쑥 돋아나고, 풋풋한 아오리 사과의 상큼한 맛도 한 입 베어 문 듯한 상쾌함을 느낄 수 있어 좋다. 세월은 이만큼 흘러와 뽀그리 파마의 희끗희끗 흰 머리를 염

색에 감춘 눈가 주름이 자글자글한 펑퍼짐한 아줌마가 돼 있지만, 멈춘 시계 속 그 시절 그 추억 속의 가시나들은 여전히 내 가슴 속에 살아 있다. 푸릇푸릇한 봄날 새순처럼 말이다.

같은 하늘, 같은 공기로 숨을 쉬며 그 친구들 또한 세월을 비껴가지 못해 중년의 여인으로 잘 살고 있겠지. 가끔씩 추억의 책장을 나처럼 넘기며 그 시절 회상을 하는지 궁금하기도 하다. 올 가을은 유난히 촉촉한 것 같다. 그리운 사람들을 만나려는 듯이 그렇게 이 가을은 가슴 한 켠에 먹먹했던 추억을 촉촉히 적시려 다가오는 것 같다. 내일은 비가 오려는 듯, 밤하늘 홀로 떨고 있는 듯하다. 아무래도 새벽이 오기 전에 비가 올 것만 같다.

2015. 어느 예쁜 가을날

대파 한 둥치 썰면서

대파 썰다 기어이 눈물을 보인다. 칼질을 멈추고 주방문 열고 뒷 주차장으로 발걸음을 옮긴다. 어제와 같은 바람이 지나고 어제와 똑같은 햇살이 비쳐 주건만, 오늘의 난 어제 느끼지 못한 햇살 한 줄기, 바람 한 점의 살가움을 끝내 외면한 채 오늘을 비켜 저만치 내일을 향해 가고 있다. 그렇게 잠시의 여유 없이 점점 메말라 거북등처럼 쩍쩍 갈라져 가는 감성을 앞치마 주머니에 찔러 넣은 채 말이다.

잔뜩 독이 오른 가을 대파는 진짜 맵다. 덜 여문 가을무와 여물어 벌겋게 익은 청양 고추처럼 맵다. 양파는 더 맵다. 다듬으면서 울고, 썰면서 울고, 심파극 한편 찍는 듯 줄줄 샌다. 대파가 가지고 있는 특성에 눈물이 흐른건지, 가을이 데려온 쓸쓸한 고독이 눈물샘을 자극한 건지 분명치 않은 이유를 핑계로 하늘을 올려다보니 양 볼을 타고 주루룩 떨어지는 방울들. 그랬구나. 하늘이 눈물 나도록 시렸던 거구나! 말라 비틀어져 바스락거리는 감성 한 조각을 조심스레 꺼내 본다.

월세로 잠깐 살고 있던 집은 단독 주택이었고, 주인 가구와 우리 식구 두 가구(총 9명)가 한 화장실을 사용했으며, 주인집이 사는 안채에 딸린 마당 한 켠에 화장실이 있었다. 우린 대문 밖 둘레에 딸린 뒷채였기에 매번 화장실 가는 일은 귀찮음 그 자체였다. 두어 달 뒤 무허가 판잣집으로 이사가기 전까진 그게 호사였음을 까마득히 모른 채 말이다. 엄마의 병 그림자가 점점 짙게 드리워지던 여름 끝자락 어느 날, 거동이 불편한 엄마를 위해 아빠는 사기로 만들어진 연둣빛 요강을 사 오셨다.

그 당시 그 월세집은 방이 한 칸이었었고, 두 명이 들어가기엔 벅찬 부엌이 있었고, 그 작은 부엌 크기의 천장이 있었다. 우린 거길 창고가 아닌 다락방이라 불렀다. 어깨를 맞대어 두 명이 눕기엔 비좁았으며, 두 다리를 뻗을 만큼의 길이도 안 되는 공간이 있었다. 그 다락방을 난 무척 좋아했다. 항상 이불과 옷보따리가 있어 쪼그려 앉거나 웅크린 자세만큼만 허락된 공간이지만 30센티미터 크기의 작은 창문으로 들어오는 햇살이 좋아서, 바람이 좋아서 그 누구의 방해도 받지 않고 실컷 라디오를 새벽까지 들을 수 있어서 행복했다.

겨울이 오기 전에 판잣집으로 이사할 그때까지 짧은 몇 개월 동안 난 내방이 있어 좋았다. 그 작은 다락방 스탠드 불빛을 벗 삼아 키울 수 있는 감수성을, 어둠이 밀고 오는 벽과 벽 사이의 죄어오는 두려움과 외로움을, 손바닥만한 창문에서 들어오는 햇살 한 줄기의 포근함과 따뜻함을 그때 느꼈었고 받았던 것 같다. 그 작은 창문엔 빗물받이가 없어 비가 내리면 책받침을 세워 들이치는 빗물을 막으면서도, 책받침에 청량감 있게 부딪치는 빗물 소리 들으며 잠이 들던 사춘기 풋풋함을 막 졸업한 철이 좀 일찍 든 어설픈 계집아이. 그래서 그런지 그 아인 가을을 좋아하진 않는다.

짧게 왔다가 느끼려 다가가는 그 순간 얼음처럼 차갑게 밀어내는 가을이, 엄마의 아픔이 막바지에 이른 싯점도 가을이었고, 시퍼런 작두 위에서 춤추던 무당의 머리 위를 받추던 하늘도 작두날과 똑같은 시퍼런 가을이었기에, 유독 그때 그 시절 가을 하늘이 매년 돌아오면 고독이 밀려와서가 아닌, 외로움이 밀려와서도 아닌, 시리도록 푸른 하늘이 눈물나도록 서럽기에 그 아인 가을을 별로 좋아하지 않는다.

우리 가게가 첫째, 셋째 일요일을 공식 휴무로 정한 건 불과 몇 달 되지 않았다. 직원 없이 애 아빠랑 둘이 하기엔 너무 힘들어 정한 것이었고, 예약이 들어오거나 축제가 있으면 당연히 가게문 열어 정상 영업하였다. 3주 후 추석인데도 대목을 타는 모양이다.

예약도 없고 해서 쉬기로 한 9월 첫째 주 일요일. 평소보다 30분 더 일찍 일어나 교회 가서 예배드리고 애 아빠랑 애들 고모랑 시댁으로 나섰다. 내 집에서 시댁까진 약 35분 거리에 위치해 있는 의성 고운사 절 근방이다.

원했던 뽀송뽀송한 가을 햇살 대신 추적추적 가랑비가 이른 아침부터 내렸고, 온통 하늘을 잿빛 구름이 덮고 있어 어설픈 나들이이긴 했지만 시내를 벗어난 외곽 도로 길가엔 코스모스가 반기듯 활짝 피어 있어 나름 운치 있어 좋았다. 유난히도 뜨겁고 힘들었던 올 여름을 보내고 두 달여 만에 찾은 시댁. 두 분은 교회차를 기다리시느라 집앞 정자에 이미 나와 계셨기에 차에서 내려 아버님 안아 드리고 어머님 안아 드리며 인사를 드렸다.

"모처럼 쉬면서 뭐하러 왔어. 더운데 장사하느라 애 먹었지? 예배드리고 점심 먹고 두 시쯤 올 건데 밥들 챙겨 먹고 쉬고 있어라. 비도 오는데."

어머님의 반가운 인삿말이 채 끝나기도 전에

"고추밭에 약 쳐 놨으니 밭엔 가지 말고 허허."

아버님도 한 말씀하셨고, 바로 교회 차가 와서 두 분을 태우고 출발했다.

내 시누이가 끓인 된장찌개는 청양 고추 다져 넣은 것밖에 없는데도 기가 막히게 맛있다. 나랑 딸랑 두 살 차이밖에 안 나지만 때론 손위 언니처럼 잘 챙겨 준다. 시누이가 아닌 벗이다. 내 핸드폰엔 그렇게 적혀 있다. 호박잎 쪄 된장찌개와 쌈을 싸서 아침 겸 점심을 후딱 먹고 우린 단단히 무장하고 나섰다. 다래 따러 간다.

서울 돈암동에서 신혼살림하면서 직장 생활하다 추석 쉬러 미리 내려온 어느 해. 때마침 시어른께서는 들에 일 나가시고 집엔 아무도 없었다. 마당가 한 귀퉁이 옹기종기 모여 있는 장독대 위에 채반이 서너 개 널려 있었고 그 안엔 연둣빛 대추 크기만한 열매가 뜨거운 가을 햇살 받으며 가득 담겨 있었다. 무심코 먹어 보니 무지 맛있었고 나도 모르게 한 채반을 홀랑 다 먹었는데, 그게 다래였고 그 달콤한 맛은 지금도 잊을 수가 없다. 토종 키위라 하면 우리 애들은 알아듣는다.

그 후로 해마다 추석이 되면 우리 시아버님은 벌초하러 가신 김에 꼭 다래 있는 험한 산 중턱 비탈진 곳에 들러 며느리 좋아한다는 그 이유만으로 힘드심을 마다 않으시고 따다 놓곤 하셨는데, 무슨 연유에선지 몇 년을 해걸이를 하는지 한동안 구경조차 못했었다. 그런데 며칠 전 장날 한 아저씨가 작은 소쿠리에 담아 5천 원에 파는 걸 봤었다. 남편에게 이번 쉬는 날 꼭 따러 가자 약속했었고, 부슬부슬 비가 와도 개의치 않고 기필코 올해는 먹겠다는 일념으로 가파른 산을 올랐다. 아버님 장화를 꺼내 신고 아버님 비옷을 챙겨 입고 챙 넓은 모자와 장갑을 끼고 완전 무장을 하고 나섰다. 입 안 가득 다래의 상큼하고 달달함을 성급히 느끼면서 말이다.

가게 안에서만 종종거리고 살다가 빗물 뚝뚝 맞아 가며 물이끼 낀 가파른 바위산을 오른다는 건 섣부른 오기였고 치기였음을 깨닫고 느끼기엔 그리 시간이 오래 걸리진 않았다. 산골 소녀와 소년으로 유년 시절을 보낸 시누이와 남편에겐 아주 일상화된 산행이었지만, 난 달라도 한참 달랐고 얼마 못 가 뒤쳐지고 말았다. 겨우겨우 다래 덤불이 보였고 누가 먼저라 할 것 없이 우린 가져온 봉투 안에 다래를 따서 담기 시작했다. 처음으로 다래를 따 본 난 그저 행복했고 많이 열리진 않았지만 그것만으로도 흡족했다.

좀 높은 곳의 다래를 따려고 무리하게 손을 뻗음과 동시 왼쪽 발이 물이끼 낀 돌에 쭈르룩 미끄러졌고 난 그대로 엎어졌다. 돌에 부딪친 무릎과 정강이가 너무 아파 눈물이 핑 돌았고, 제대로 중심 잡고 일어서기엔 비옷의 무게와 장화의 불편함에 시간이 좀 걸렸다.(그때 멍들고 다친 상처는 한 달이 넘은 지금까지도 푸르게 남아 있다.) 바로 그 순간 내 눈에 들어온 물체가 있었는데, 난 생 처음 보는 거였고 직감적으로 해로울 거라는 생각에

"엄마야…… 자기야……."

소리쳤다. 정신없이 다래 따던 남편과 시누이는 달려와 주지도 않은 채, 아니 쳐다는 봤을까?

"왜… 괜찮나?"

묻기만 했다. 난 너무 무서웠고 그 물체가 느리긴 하지만 내 쪽으로 올 것 같아 징그러웠지만 차마 눈을 못 떼고 있었다.

"괜찮으면 조금만 더 따고 내려가자. 거기서 기다려."
하는 남편 말이 무지 무지 섭섭했지만 몇 년 만에 접한 다래를 실컷 마누라 먹일 생각에 힘들다 않고 해 주는 남편과 시누이가 고마워 일단 참기로 했다. 잠시의 침묵이 흐르자 조금 마음이 진정됐고 그 물체의 느림보 행진을 계속 주시할 수 있는 작은 침착함이 생겼고 얼마의 짧은 시간이 지난 뒤 그 물체는 물이끼 낀 바위 틈으로 쏙 들어갔고 더 이상 내 시야에 나타나지 않았다. 하지만 두려움과 무서움은 산을 내려와 집에 도착해서 젖은 옷을 갈아입을 때까지 계속 가슴에 남아 힘들게 했다.

병원에서도 포기한 생명을 고깔모자에 빨강, 파랑 범상치 않은 옷을 입은 무당이 살리겠다고 시퍼런 작두에서 맨발로 오르내리는 그날도 하늘은 파랬다. 무조건 울면서 엄마가 낫게 해 달라고 누구한테 빌어야 되는지 아무도 알려 주지 않았기에 난 펄쩍펄쩍 뛰며 고래고래 소리지르는 무당을 향해 빌고 또 빌었다. 혼을 쏙 빼 놓은 굿판이 끝나고 엄마가 잠들 때까지 엄마 손을 붙들고 있었다. 그때 내게

"경희야! 집에 가면 방문 쪽 장판 들추면 엄마가 돈 넣어 둔 거 있다. 엄마 갈 때까지 그걸로 장 봐서 밥해 먹고 있어. 아껴 써야

한다. 그리고 고맙다. 너 아니었으면 엄마는 벌써 갔을 텐데. 고맙다. 경희야."

그땐 몰랐다. 그 짧은 대화가 엄마와의 마지막 대화였다는 것을. 살아서 마지막 눈 맞춤이었음을. 따뜻했던 그 손 맞잡은 것이 마지막이었다는 것도. 난 아니 그 누구도 몰랐었다. 아픈 엄마를 대구 큰이모 집에 아빠랑 남겨 두고 고속버스 타고 올라오던 그 날도 차창 밖 하늘은 파랬고 가을이 오고 있음을 길가 코스모스가 대신 알려 주고 있었다. 그해 그 가을은 서둘러 온 듯했고 유난히 파랬으며 아픈 엄마를 두고 가기 싫었던 건지 겨울을 재촉해 불러다 놓고 소리 없이 가을은 갔던 것 같았다.

그렇게 그 가을 난 세상과의 홀로서기를 준비된 마음가짐도 없이 시작하게 됐다. 살면서 순간순간 맞닥뜨리는 어려움과 두려움 앞에서 어떤 갑옷을 입고, 어떤 투구를 쓰고, 어떤 칼과 활을 써야 되는지 알려 주지 않은 채 든든한 울타리와 버팀목을 장판 밑 십만 원짜리 수표 한 장으로 대신한 내 엄마. 버팀목 없는 세상은 결코 만만치 않음을 그 해 그 가을 유독 파랬던 하늘은 알고 있었을까.

'그 물체도 분명 날 봤을 거야. 단지 어디서 수많은 부하들을 잃고 홀로 살아 남아 힘겹게 돌아오고 있음을 내게 들켰기 때문에 힘없이 그의 집으로 쓰러지듯 들어갔을 거야.' 어떤 근거로 그리 생각했는지는 지금도 의문이다.

다만 피 터지게 싸운 흔적을 머리에 쓴 빨간 투구에서 확연히 드러났다고 생각했고 그렇게 선명한 붉은색은 핏빛이 분명했다. 창을, 꼬리에 붙은 알파벳 브이(V) 모양을 한 창은 휘어진 등뼈의 힘을 받아서인지, 아님 패잔병일지언정 꺾이지 않은 자존심인듯 우뚝 하늘을 향해 부러진 흔적 없이 꼿꼿했다. 검은 바둑알처럼 유독 빛나는 등엔 빗물이 떨어지면서 그대로 튕기듯 흘러 넘쳤다. 지네였다. 붉은 머리 검은 등판 노란 발을 한. 그 지네를 보는 순간 그 옛날 아픈 엄마를 위해 작두 타던 그 무당이 연상된 건 무슨 연유일까? 클로즈업 되면서 가슴 속이 쏴하게 울렁이게 된 공통점은 무엇이었을까? 그건 그가 쓴 투구의 붉은 빛과 무당이 썼던 고깔모자에 달렸던 붉은 수술과 항상 요강을 비울 때 봤던 엄마의 핏빛 오줌과 맥을 같이 하기에 심하게 날 떨게 한 것 같다. 그 어지러운 느낌을 지우느라 며칠 동안 난 내색 못 하는 마음고생을 해야 했다.

평생을 시퍼런 작두 위에 서야 하는 운명을 가진 그녀의 방패막은 보이지 않는 혼령이 있기에 외롭지 않을 것이고, 습하고 어둔 바위 밑에서 음으로 살아야 하는 지네에겐 위험에 처했을 때 뿜어낼 독이 있기에 살아남을 수 있을 테고, 석양이 곱게 내려와 마음 한 켠 붉게 물들기 시작한 나는 가족이라는 울타리가 든든하게 지켜 주기에 더 이상 홀로서기의 아픔은 없을 것이다. 다른 건 몰라도 이 세상에 눈 뜨고 있는 한 같은 공기로 숨 쉬고 있기에 어떤 형태로든 모든 생명체는 축복인 것임에 틀림없다.

대파 한 둥치(열단) 와의 한 판은 아직 진행 중이다. 가을이 가져온 쓸쓸함을 주차장 마당에 콩 타작하듯 훌훌 털어 놓고 다시 주방으로 들어왔다. 주방 쪽 창문을 향해 선풍기를 3단으로 맞추어 틀어 놓고, 대파 잎보다 더 퍼런 날 선 칼을 한 번 더 야슬이에 갈아 준비해 놓고, 눈물, 콧물 닦아 줄 수건도 올려놨으니 이만하면 철통 수비 아니겠는가! 매운 향으로 끝까지 저항하며 그 특유의 매운 향을 주방 가득 심어 놓고 바구니 속에 가지런히 누워 있는 대파. 그 바구니 옆엔 조각조각 부서져 다져진 파편들이 여섯 통 담겨 있다. 사투의 결과 승이었다 해도 이 쪽의 피해도 만만치 않다. 파편으로 다질 땐 그 매운 향이 최악의 발악을 하였기에 눈물과 콧물과 재채기를 연신 닦아 내야 했고, 냉장고 속으로 집어넣은 것을 끝으로, 주방 가득 남겨진 채취가 선풍기 바람으로 한참을 더 몰아낸 뒤 진정 대파와의 모진 사투는 종지부를 찍었다. 앞으로 3일은 끄떡없을 재료 통을 보며 전장에서 승리한 장군 마냥 행복한 웃음을 웃는다. 울다 웃으면 안 된다던데…….

그때 담궈 놓은 다래주가 잘 익었는지 퇴근하고 집에 가서 애아빠랑 같이 맛 좀 봐야겠다. 아직 담궈 놓은 지 두 달이 채 안 되었지만 시큼 달달한 다래와 소주의 쏴한 맛이 제대로 어울어졌는지 궁금해지기도 하고, 왠지 오늘 올려다본 하늘 푸름이 지난 아픔을 이야기하는 것 같아 허전한 마음에 잠 못들 밤을 염려해서인지 한 잔 술로 잊는 게 옳음인 것 같다.

이 가을도 분명 붉게 물들여 놓은 낙엽들이 채 떨어지기도 전에 겨울 속으로 숨을 게 확연한 것 같다. 저토록 하늘이 푸르도록 시린 걸 보면 말이다.

2012. 추석 지난 가을날에

빈 주머니에 손 찔러 넣고

엇그제 추분이 지나더니 확연히 낮 길이가 짧아졌다. 오후 다섯 시 좀 지나 간판 불을 켜고 저녁 장사 준비를 시작한다. 추석 대목을 며칠 앞둔 요즘 식당은 손님이 없어 한산하다. 오늘도 저녁 손님은 꽝일 듯 내리는 해걸음이 제법 빠르다. 주방 쪽 창문 너머 건너편 건물들의 간판이 하나 둘 켜지면서 내리는 어둠을 물리치느라 번쩍번쩍 온몸을 불사르고 있다.

오가는 행인이 없어 적막하고, 가로수 잎들만 지나는 바람에 하나 둘 떨어질 뿐 쓸쓸한 이 저녁. 가로등도 일찍 잠들 채비를 하는 듯하다. 좀 이른 저녁 하늘엔 별들이 저들 자리에 하나씩 내려앉고 곧 만삭이 될 달이 조금은 찡그린 표정을 하고 분칠을 한 듯 뽀얀 얼굴을 내민다.

올 겨울이 지나면 십 년차. 강산이 한 번 변한다는 십 년. 이 곳에서 내가 이리 긴 세월 동안 식당을 하면서 보내리라고는 상상도 안 해 봤었다. 이른 새벽 애들 깨워 학교 보내고, 매일 시장 들러 장 봐서 가게 오면 오전 7시 40분이 채 안 된다. 그렇게 앞만 보고 삶의 현장에서 단 한 번의 이탈 없이, 사춘기 딸들을 보살필 작은 여유 없이 그리 살아왔는데, 남은 건 삐거덕거리는 허리와 시큰거리는 두 무릎과 밤이면 퉁퉁 붓는 발뿐이다. 노후를 떵떵거리진 못해도 여유 있게 지낼 통장을 만들어 놓은 것도 아니고, 당장 이삼 년 뒤 큰아이부터 결혼한다 하면 만만치 않은 혼수비용에 쓸 통장도 없는데. 먹고 입고 애들 키우고 허덕이진 않았지만 고생한 만큼 만져보지 못한 노동의 댓가.

털고 미련 놓고 접어도 되는데, 왜 붙들고 못 접느냐 물으면 딱히 할 게 없어서다. 배운 기술이 있는 것도 아니고 취직자리가 기다리고 있는 것도 아니기 때문이다. 내가 살고 있는 이 곳 안동은 가내 수공업체도 작은 규모의 공장도 없기에 공무원, 선생, 그리고 너도 나도 자영업자다. 일어설 줄 모르는 경기 침체로 몇 년째 서민들이 휘청거리고 있는 지금 식당문을 닫으면 권리금이나 시설비는 아예 꿈도 못 꾸고 달랑 보증금만 빼서 나가야 한다. 다른 곳에서 또다시 식당을 한다 해도 준비금 없는 빈 주머니인 상태이기에 빚을 얻어 시작해야 하는 마음의 부담이 크기 때문이다.

빚을 낼 수는 있겠지만 그걸 못 갚았을 때 일어설 베짱이 없다.

더 중요한 것은 새로 시작하고 추진할 젊음도 세월따라 보낸 지 오래이기에 용기도, 패기도 할 수 있다는 자신감도 사라진 지 오래다. 젊음이 있어야 도전 정신이 있는 게 아니겠는가. 멍하니 밤하늘만 바라보고 있었다.

"그만 가자. 정리해."

남편 말에 가스 불 잠그고 앞치마 벗어 걸어 놓고 개수대 옆에 수고한 하루도 곱게 접어놓아 두고 가게 불을 끈다.

밤바람이 제법 서늘하다. 좀 전까지도 못 본 아기별들이 총총걸음으로 모이더니 금방 어둔 밤하늘을 한가득 채운다.

"수고했어. 당신."

봉고차 시동을 걸며 내게 건네는 남편의 한 마디.

"오늘은 종일 놀다가 집에 가는데 수고는 무슨."

괜히 심술궂은 대답이 나온다.

"월영교 한 바퀴 돌고 집에 가자."

하니 남편도 그러자고 한다. 곧 추석이어서인지 댐 근처 식당도 한산하긴 매 한가지. 주차장에 차를 주차시키고 월영교 다리 위를 남편 손잡고 걸었다. 불쑥 남편이

"경기도 별로 안 좋은데 이번 추석엔 적당히 하는 게 어떨까?"

여지껏 이런 얘기를 들어 본 적 없는 난 그냥 고개만 끄덕였다. 내색은 없었어도 어지간히 속이 탓던 모양이다. 첫째 딸은 내년

엔 대학 4학년인데, 휴학을 하고 해외로 배낭여행 가고 싶다 했다. 뜻대로 한다 해도 두 학기 중 한 학기는 휴학을 해야 될 테고 바쁠 때마다 도와주던 가게 일도 못 거들 게고 그럼 도우미를 불러야 하기에 지출이 늘어날 것이며, 여행 경비도 좀 보태줘야 안 되겠는가.

둘째 딸은 고3이기에 당장 내년부터 목돈 들어가야 할 입장이다. 또다시 이런저런 생각이 엉키니 답답해진 가슴에선 절로 한숨이 나오길래 다리 난간에 기대어 강물 속 달만 뚫어져라 쳐다봤다. '이번 추석날 뜨는 달은 수퍼달이라 했었지. 덩치가 크면 그만큼 비는 소원도 다 들어 주겠지. 적어 놓고 죄다 빌어야지.' 생각만으로도 기분 좋아졌는지 실실 헛웃음이 나온다.

엄마, 아빠가 하루 24시간 중 15시간 이상을 가게에서 보냈기에 당시 초등 4학년 둘째와 중1 첫째는 제일 중요한 사춘기 시절을 혼자서, 때론 둘이서 이겨내야 했다. 참으로 감사하게도 둘 다 너무 반듯하고 예쁘게 자라 주어 고맙다. 힘들고 외로울 때 엄마가 손 잡아주고 안아주고 했어야 했는데 너무 미안하다. 아마 죽을 때까지 이 미안함은 잊혀지지 않을 듯하다. 내 친정엄마의 잦은 병치레로 어려서부터 정에 굶주리고 컸기에 내 자식들만큼은 원없이 안아주려 했었는데, 삶의 문턱이 너무 높다는 핑계로 자위 아닌 자위로 달래 보고자 한다. 부모가 열심히 사는 모습 보면서 크게 깨달으리라는 시대에 뒤떨어지는 혼자만의 바보 같은 주문을 걸면서 말이다.

큰딸 초등학교 졸업식만 참석했었다. 두 애들 입학과 졸업식 땐 가게문을 닫지 않는 이상 자리를 비울 수 없는 입장이라 우리 부부는 참석을 할 수 없었고, 소풍과 운동회, 수학여행 갈 때도 엄마 힘들다고 김밥 싸 달라고 단 한 번도 부탁한 일 없었으며, 두 녀석 다 회장과 실장을 맡으며 학교생활 할 때도 학부모 회의에 단 한 번도 참석하지 못해 두 아이 기를 살려 주지 못했었다.

그래도 괜찮다고 씩씩하게 웃어 주던 내 딸들. 큰딸은 고등학교 졸업식 날 졸업생 대표로 단상에서 전체 학생들 지휘하던 자랑스런 모습을 같은 반 친구에게 부탁해 핸드폰 영상으로 찍어 보여 줬었고, 우리가 뿌듯해한 만큼 더 많이 미안해하고 고마워했었다. 그런 내 딸들이 너무 자랑스럽고 사랑스럽다. 올 고3인 둘째의 졸업식은 가게 문 닫고 가서 꼭 축하해 주리라 미리 약속을 해 둔 상태다. 가게 특성상 가족 단위 식사 위주인 탓에 문 닫고 쉬기란 어림없지만 그래도 가서 축해해 주고 싶다. 그 동안 못해 줬던 모든 축하를 다 보태서 말이다.

찬바람이 불어오고 따끈한 국물 요리를 찾는 계절이 오고 있다. 애 아빠랑 이번 추석 지내고 가게를 내놓자고 의논했었다. 크게 적자는 아니지만 둘이서 끌고 가기엔 가게가 너무 크고 유지

비 또한 만만치 않기에 그러자고 했다. 둘이서 할 수 있는 50평 규모의 가게를 얻어 새로 시작하자 했다. 그러는 동안 좀 쉬면서. 둘째 딸 졸업식도 축하해 주러 참석도 하고 대학 새내기 축하도 근사한 식당 가서 가족끼리 오붓이 식사할 수 있는 호사도 좀 누리면서. 빈 주머니 속 휑한 바람이 가슴 시리도록 갈등하게 붙잡지만 훌훌 털고 벗어나고프다.

꿈틀꿈틀 뭔가가 올라온다. 나의 최대 장점 긍정 마인드가 발동하기 시작했다. 그래 난 할 수 있다. 더 늦기 전에 출발선상에 서는 거다. 생각이 생각을 물고 여기까지 결론을 내리자 입가에 미소가 번진다.

"춥다. 그만 가자."

애 아빠 부르는 목소리에 월영교 다리에 서 있던 내게서 빠져나갔던 혼이 들어오는 느낌이다. 상상 속 여행을 잠시하고 왔나 보다. 뜻대로 마음먹은 대로 일이 풀리면 무슨 걱정이 있겠는가. 생각이 여기까지 미치자 히죽 또 웃음이 나온다. 아닌게아니라 밤 기온이 제법 쌀쌀하다.

강물 속 달을 한 번 더 쳐다보며 봉고차가 있는 주차장으로 걸어갔다. 머리 위로 별들이 내 맘을 들여다본 걸까? 아님 그 새 달님이 고자질한 걸까? 차에 오를 때까지 배웅을 하는 듯, 응원을 하는 듯, 정겹게 웃어 주는 것 같아 마음이 좋다. 그래 빈 주머니이면 어떤가. 아직 우리 부부 크게 아프지 않아 일할 수 있어 감사하고, 버거운 식당이지만 잊지 않고 찾아와 주는 단골 식구들이 있어 감사하고, 건물주의 월세 인상 요구도 없으니 그 또한 감사하고, 두 자식 우애 있게 잘 자라 주어 고맙고 감사하지 않은가.

조금씩 채우다 보면 삶의 노하우가 이자되어 붙어 줄 테고, 욕심 내지 않으면 그만큼 건강이 받쳐 주기에 더 큰 이자가 붙을 테니. 언제까지나 나만 바라보고 사는 고마운 남편과 그만 알고 따라가는 내가 이만하면 희망이 보이고 더불어 행복하지 않겠는가. 집으로 향하는 봉고차 엔진 소리가 오늘따라 내 심장 뛰는 소리처럼 힘차게 들리는 듯하다.

2015. 어느 가을날

무허가 판잣집에도 문패는 있었지

점심 장사가 마무리지어질 쯤 뻐근한 허리를 개수대에서 빼내 주방 한 켠에 있는 작은 의자에 앉아 한숨 돌린다. 뽁딱뽁딱 육천 원짜리 정식 서른 대여섯 개 판 것 같다. 크게 매상이 많은 편은 아니지만 오늘 따라 유독 허리가 아픈 건 찌뿌둥한 날씨도 한 몫 거든 듯싶다. 점심 손님으로 온 팀 중에 LG익스프레스 이삿짐센터 팀 7명이 있다. 오늘도 우리 동네 현진아파트로 들어오는 이사 팀이 있었던 모양이다. 가끔씩 이 동네로 일하러 오면 꼭 내 가게로 와서 점심을 먹는 단골이다. 도우미 아줌마 두 명과 운반팀 세 명, 사다리 운전자 한 명, 책임자 한 명. 어김없이 정식 일곱 개를 시키고 공기밥 추가 세 개, 보쌈고기 추가 1만 원. 싹싹 긁어 먹는 모습이 보기 좋아 주방장인 나보다 애 아빠가 반찬도, 찌개도, 보쌈고기도 넉넉히 담아 준다.

26년 전 내 친정엄마가 돌아가시고 몇 달 뒤 같은 동네 새로 지은 5층짜리 상가 건물 중 5층(약 18평 정도)으로 우리 식구는 이사를 했다. 오랜 병치레로 전세에서 월세로, 월세에서 뚝방 무허가 판잣집으로 우린 이사를 해야 했다. 월세는 양옥집이었기에 그리 창피함을 몰랐었다. 허나 판잣집은 달랐다. 대문이라고 해 봐야 얼기설기 짠 나무 널빤지에 한쪽 면엔 양철판이 붙어 있어 열고 닫을 때마다 끼이끽 소리가 소름돋게 했기에 싫었었다.

월세 보증금을 빼 엄마의 수술비가 아닌, 약값도 아닌 원이라도 없으라고 마지막 희망인 굿하는 데 다 쏟아 붓고, 한 푼도 없는 우린 거지나 다름없었다. 거지가 되어도 엄마만 살릴 수 있다면 아빠는 또다시 일어설 수 있었으리라. 우리 삼 남매는 아빠 뜻을 따랐다. 하지만 굿을 할 필요는 없었다. 안다. 무모한 짓이란 걸. 뻔히 알면서도 우린 했다. 그만큼 우린 더 힘들게 버텨야 했지만 세월이 이만큼 흐른 지금도 간절히 염원했던 단 하나의 소원이었기에 잘했다 생각한다.

행여 누가 볼까 출근하러 대문을 열 때도, 퇴근하고 집으로 들어갈 때도 난 항상 주위에 사람이 있나 없나 확인하고 최대한 끼익 소리가 나지 않도록 양철문에 힘을 주어 들어갔었다. 빛이라곤 60촉 전구뿐인 큰방, 부엌, 그리고 작은방. 늘 습하고 눅눅한 곰팡이 냄새가 났었고, 대문 안 한쪽 벽면엔 시커먼 연탄을 두 줄로 쌓아 놨었기에 잘못 들어가면 옷에 묻히기 일쑤였다. 더 싫었던 건 통통하게 살찐 귀뚜라미가 펄쩍펄쩍 뛰어다니고 시도 때도 없이 우는 그 처량한 울음소리를 징글징글하게 들어야 하는 괴로움이었다.

더욱이 화장실은 산 속 절간에 가야 있을 법한 볼 일 본 내용물이 떨어져 그 파편이 다시 올라올 것 같은, 정말이지 귀신이 있다면 꼭 그 안에 터 잡고 있을 것 같은, 두 번은 생각조차 안 하고 싶은 너무 무섭고 숨이 턱턱 막혔다. 문고리도 없어 묶어 놓은 고무줄을 붙들고 볼 일을 봐야 하는 현실이 싫어 울기도 참 많이 울었었다. 특히 비오는 날이면 양철문이 우우우 하고 울고, 짝을 잃었는지 길을 잃었는지 들고양이들이 앞다투어 같이 울고, 넓적한 대야가 총동원돼 여기저기 떨어져 튕기는 빗방울 소리가 지긋하리만치 싫었던 지금은 상상도 할 수 없는 그런 집. 꼬박 7개월을 살았다.

그래도 그런 집이라 해도 우습게 보면 안 된다. 엄연한 주인이 있고 우린 늘 그들 앞에서 고개를 숙이고, 물 잠가라 하면 잠그고, 전깃불 꺼라 하면 꺼야 하는 철저한 을이었기에 불평이 있을 수 없고 불만을 토해 낼 수 없었다. 대문 한 켠에 붙어 있는 문패의 위력은 그렇게 컸었고 그보다 몇 곱절 우린 주눅들어 살아야 했다.

연탄가스로 질식사하기 전에 우린 이사를 할 수 있었다. 내가 다니던 직장을 담보로 대한보증보험회사에서 보증을 받아 난 회사로부터 1천8백5십만 원을 대출받을 수 있었고, 그 지긋지긋한 판잣집에서 7개월 만에 탈출할 수 있었던 것이다. 하지만 사랑하는 내 엄마의 마지막 안식처는 한 줄기 빛도 허락치 않은 60촉 전구로는 다 밝히지 못한 어둡고 습한 판잣집이었다는 사실이 그때나 지금이나 너무 가슴 아프다.

없는 게 어떤 것인지, 빈손이라는 게 어떤 것인지, 무능력이란 게 어떤 것인지, 난 뼈저리게 느끼며 아프게 살아야 했다. 습하고 케케한 그 집 특유의 냄새가 가끔은 어디서 날아오는지 고개 돌리게 할 때가 있어 종종 힘들게 날 잡아끈다. 눈물짓게 하는 그 시절. 난 대기업에 다니면서도 정장 한 번 입어 보지 못했다. 늘 청바지에 티셔츠 차림이었어도 결코 주눅 들진 않았었다.

두 번의 시말서를 쓰면서까지(투 잡이 허용되지 않았었고 발각되면 회사 이미지 실추라며 시말서를 제출해야 했다.) 퇴근 후 옷가게 알바를 하며 억척같이 살았다. 그때 내 좌우명, 아니 삶을 당당하게 살아가게 한 말이 있었다. 지금도 가끔씩 가슴에서 꺼내 흐트러지지 않으려 되뇌는 말.

> "거지가 거지옷 입고 돌아다니면 사람들은 '잰 거지니까.' 한다. 허나 부자가 거지옷을 입고 돌아다니면 '참 검소하구나!' 하고 사람들은 칭송한다."

라는 말이다. 요즘 젊은 친구들에겐 절대 공감을 얻지 못하는 이 말을 난 지금도 가슴에 품고 산다. 어떤 현실에 맞닥뜨려도 결코 당당함을 잃지 않게 하는 멋진 말이라 믿으며 내 삶의 지표로 삼았고, 앞으로도 그럴 것이다.

이사하는 날 그 어둡고 습한 판잣집을 벗어나는 날, 이삿짐은 리어카 한 대로 충분했었다. 봄이 오려고 목련꽃 봉오리가 소담하게 맺히기 시작했으니, 아직은 추운 날이었지만 새로 지은 새 집으로 비록 엘리베이터 없는 5층 상가 주택이었지만 햇볕을 맘껏 받을 수 있고, 화장실이 안방보다 더 깨끗하고, 입식부엌이었으며 더 좋은 건 그 어떤 큰 비가 와도 양동이 받쳐 둘 필요가 없었다는 거. 오히려 베란다에서 내리는 그 비를 차 한 잔과 음미할 수 있었기에 그 기쁨은, 그 설렘은 지금도 날 빙그레 미소짓게 만든다.

"김치 좀 더 주세요?"

"네."

애 아빠의 서빙 실력은 몸에 밴 깍듯함이 있고 재빠름이 있어 프로급이며 친절하기에 손님들이 좋아한다. 그러니 늘 무릎이 아프고 발바닥도 아프고 덧버선 또한 2주를 못 신는 게 아니겠는가. 요즘엔 경기 침체로 남편과 나 둘이서 이 큰 가게를 꾸려가고 있지만, 그래도 쉬이 놓지 못하는 건 막상 손 털고 나가면 딱히 할 만한 일이 없기 때문이다. 그래도 잊지 않고 찾아와 주는 단골들이 있기에 감사하다. 손님과 나와의 무언의 약속이 있기에 정해진 시간에 문을 열고 정해진 시간에 쉬려 애쓴다. 가끔 장사도 안 되고 몸이 고달프면 조금 일찍 문을 닫고 퇴근한 적은 있어도 아무 때나 문 닫고 쉬어 본 적은 9년 동안 한 번도 없었다. 그것이 내가 손님과 한 무언의 약속을 지키는 예의라 생각하기 때문이다.

그 단골손님만 오면 난 기분이 좋다. 두 번 다신 생각하고 싶지 않은 그 판잣집이 떠올라 속상하지만 리어카 신나게 끌고 가던 고달펐던 20대 초반 나의 젊음이 떠올라 참 좋다. 몇 개 안 되는 짐 보따리를 풀어놓고 아빠와 오빠와 내 남동생과 시켜 먹었던 짜장면. 그런 시절이 있었는 줄 내 딸들은 모른다. 내 남편도 모른다. 굳이 꺼내고 싶지 않다. 말을 꺼내다 보면 눈물이 말문을 막을 것이고 가엾은 내 엄마 생각에 가슴이 너무 아플까 봐 안 하는 게 맞을 게다.

절기상 오늘이 백로다. 본격적인 가을이란다. 하루의 일과를 접으며 한 줄 한 줄 쓰다 보니 까만 밤이 하얗게 새고 있었다. 하얀 이슬이 내리나 싶어 창을 열어 보니 새벽을 데리고 비가 오고 있다. 추적추적 온다는 표현이 어울리는 진정 가을비다. 바바리코트 깃을 세우고 까만 우산을 쓰고 그냥 걸어 보고픈 마음이 드는 걸 보니 내 마음에도 어느새 가을이 와 있었던 모양이다. 머그컵

가득 진한 커피 한 잔 하면서 아직 꿈속에서 달콤한 꿈을 꾸는 내 딸아이의 고운 얼굴을 들여다보니 행복이 입가에 붙어 미소 짓게 한다.

2015. 가을이 시작되는 날

봄은 오겠지!!

베란다 창문으로 들이치는 겨울 햇살이 눈부시도록 따사로운 아침이다. 얼굴 한가득 비쳐 주는 아침 햇살에 마음의 평온함을 느껴 본 적이 언제였던가? '그런 적이 있었던가?' 하는 생각에 가슴 밑바닥에서 울컥하는 감정이 주르륵 두 뺨을 적셨다. 결혼 후 앞만 보며 달려온 25년의 세월. 내 나이 하늘의 뜻을 안다는 지천명이 되어서야 쉼이라는 휴식을 선물 받았다. 그래 그건 두려운 쉼이요, 고통의 휴식이요, 두 번은 받고 싶지 않은 아픈 선물이었다.

내친김에 창문을 활짝 열어 차가운 겨울바람을 들이마셨다. 아직은 바깥 공기를 접하기 조심스러웠지만 과감히 열어 젖혀 답답한 가슴 한가득 겨울 시원한 바람을 한껏 들이켰다. 속이 시원하게, 밤새 숙취에 시달린 쓰림을 북어 해장국이 소화하듯 상쾌함으로 가득 채우니 몹시 후련했다. 아파트 길가 가로수는 그 찬란했던 초록을 단풍으로, 낙엽으로 비운지 오랜 듯 앙상한 가지마다 어디서 시작된 바람인지 휘청이도록 마구 흔들고 있어 그 안스러움에 차마 창문을 쉬이 닫질 못했다.

2017년 병신년의 끝자락 12월이 중순을 향해 달려가고 있다. 곧 시어머님 생신을 마지막으로 집안 행사도 마무리될 것이고, 동짓날엔 새알 동동 띄운 팥죽을 동치미와 곁들여 먹으면서 마지막 절기를 가족들과 보낼 테고, 성탄절을 끝으로 2018년 경술년을 그 이름으로 한 달력을 새로 걸게 되겠지.

10년간의 휴일 없는 식당업을 접으면서도 계속 일을 찾아 몸을 혹사했던 탓에 결국 암이라는 판정을 받을 수밖에 없었던 것은 어쩌면 당연히 예상된 일이었는지도 모른다. 의사 선생님으로부터 암 진단을 들었고, 바로 수술을 받아야 한다는 말을 들었어도 크게 놀라진 않았다. 믿을 수가 없었던 것이다.

그러니 받아들이지 않았을 것이다. 동요됨 없이 주어진 일을 마저 할 생각이었다. 담당 과장님께 의논 후 오늘까지만 근무하기로 마음을 먹었다. 오후 일을 할 수 있었지만 흔들리지 않던 마음이 떨림으로 날 흔들었고, 사정 이야기를 들은 과장님의 배려로 좀 일찍 퇴근을 함으로써 새로 얻은 병원 급식소 일을 두 달 보름만에 그만두게 되었다.

추석을 보름쯤 앞둔 9월 15일, 가을로 접어든 도로마다 초록 잎이 하나 둘 물들기 시작하고 있었고, 병원 급식소 일은 새벽 다섯 시에 시작해 밤 여덟 시쯤 끝나기에 그 동안 여름이 어찌 갔으며, 가을이 왔어도 가을 볕 그 따사로움을 느껴 보지 못했기에 조금 일찍 나선 퇴근길에 맛본 가을 햇살 눈부심은 그냥 눈물 나도록 정겨웠다. 하늘은 흰 구름 한 점 없는 청명함 그 자체로 날 반기듯했지만, 집으로 가는 내내 흐르는 눈물로 마음에 담고 느낄 수는 없었다.

가족과의 한바탕 오열을 끝으로 더 이상 울지 않을 거라 다짐하던 그 밤은 길고도 길었다. 걱정되는 마음으로 가족은 뭉쳤고, 내게 힘을 주려 무던히 애썼으며, 아주대병원 유방암 권위자를 찾아 진료를 시작으로 10월 17일 왼쪽 유방 완전 절개가 아닌 3.8센티미터 크기의 암 덩이 절개 수술을 받았다. 암이란 놈은 내게 다가왔을 때 아무런 소리도 내지 않았다. 저 홀로 내 가장 취약한 부분에 자리를 잡았던 거고, 저 홀로 조용히 그 크기를 키워 왔으면서도 내게 그 어떤 빌미도 주지 않았다. 그런 놈을 제거하고 나면 난 후련할 것 같았다.

허나 현실은 냉정하도록 아팠다. 진통제에 겨우 잠들고 시간을 보내면서 차츰 그 아픔이 사라질 쯤 가을은 저만치 물러나 그 찬란했던 초록을 단풍으로 형형색색 물들어 놓더니 하나 둘 낙엽이 쌓이던 11월 16일 난 첫 항암 주사를 맞기 위해 아주대 병원에 입원했다.

여섯 대의 주사액과 여덟 개의 링거를 총 네 시간 반 동안 쉼 없이 오른팔 정맥주사로 맞았다. 중간중간 어지러움증과 미식거림과 타는 듯한 목통증이 있었을 뿐 참을 만했고, 주삿바늘을 빼고 약을 타고 담당 간호사의 주의 사항을 듣고 퇴원을 하고 세 시간 거리에 있는 집으로 남편이 운전해 주는 차에 반 비스듬히 누운 채 돌아왔다. 고속도로에 자욱히 번지는 어둠은 오후 다섯 시도 안 되었는데 서서히 깔리기 시작했으며, 바람은 가을이 데려다 준 겨울 바람이라 차가웠다. 붕 떠 있는 기분으로 손이 좀 떨렸으며 입안을 감도는 항암 특유의 약물이 수시로 역류해 입을 꾹 다물게 만들었다. 애써 울렁거림을 참느라 두 눈을 꼬옥 감은 채.

항암 첫날밤부터 열이 나기 시작했고, 두통과 눈빠질 것 같은 아픔과 근육통, 치통, 쑤심이 꼬박 일 주일을 힘들게 했다. 어느 정도 정신이 좀 들자 이번엔 피부 발진이 온몸에 퍼져 있었고, 거뭇거뭇 피부가 괴사하는 것처럼 보여 항암 주사 맞은 지 열흘 만에 다시 아주대 병원을 찾았다. 담당 진료 교수의 극히 드문 항암 부작용이라는 진단과 그에 맞는 피부약 처방을 받아 약을 타고 오후 세 시 20분 차를 탔다.

첫눈치곤 엄청 많은 양의 눈이 밤새 내려 있었기에 자가 운전을 포기한 남편과 난 항암에 지친 몸을 고속버스에 의지할 수밖에 없었고, 그런 내가 안스러워 남편은 속상해하며 무척 미안해했다. 천등산 휴게소의 10분 휴식 시간 동안 남편과 난 그제사 마음 놓고 설경을 구경할 수 있었다.

무척 오랜만에 보는 설경은 참으로 아름다움 그 자체였다. 저물어 가는 겨울 햇살에 비추어지는 순백의 눈부심은 감미로울 정도로 부드럽게 내 마음을 적셨다. 문 밖 출입이라곤 병원 가는 날뿐이니 이렇게 가을이 보내 준 겨울을 난 천등산 휴게소에서 멋지게 맞을 수 있었다.

1차 항암 주사 맞은 3주 뒤에 2차 항암 주사를 맞는다. 고통과 아픔이 끝날 것 같지 않던 보름간의 힘든 1차 시간을 보내고 나니, 또다시 겪어야 할 고통에 대한 두려움에 짜증은 극에 달했고, 혼자라는 서운함과 이기적인 섭섭함에 울기도 많이 울었다.

'담대해지자.'

'마음 평온함을 유지하자.'

수없이 기도하면서도 흔들리는 마음은 좀처럼 가라앉지 않았다. 2차 항암 주사맞으러 가는 12월 16일 수요일. 그 날도 밤새 눈이 내렸었다. 이번엔 지난번보다 폭설은 아니었기에, 그리고 고속버스로 이동하며 내가 너무 힘들어한 걸 알기에, 우려스럽긴 했지만 남편은 운전대를 잡았다. 다행히 고속도로 상황은 깨끗했고 바람도 불지 않았기에 걱정 없이 운전할 수 있었지만, 2차에 대한 두려움으로 남편 눈치 못 채게 난 눈물을 훔치곤 했다.

1차 땐 병실이 없어 보험 혜택이 안 되는 2인실에 입원을 했었는데, 이번에는 다행히도 6인실이 배정되어 편안한 마음으로 입원할 수 있었다. 하룻밤에 21만 원이라는 입원실은 내겐 경제적으로 너무 큰 부담이 되는 게 사실이었다.

항암을 하면서 '난 아픈 환자지 그래서 아픈 거지. 아플 거라 했으니까.' 통증이 서서히 시작되면 마음의 준비를 이젠 할 줄 안다. 곧 고통이라는 단어가 어울릴 아픔이 전신을 휘감을 것이고, 베개를 적당한 높이로 포개어 전기 매트의 온도를 높이고 이불을 두 채 포개어 웅크린 자세로 끙끙 앓고 있겠지. 동반되는 두통과 눈을 뜨는 걸 힘들게 하는 압박감과 입안 가득 올라오는 항암 특유의 쓴 약내로 시계 초침이 어서 어서 지나길 바라는 마음으로 고통의 숫자를 세고 있겠지.

어느 정도 욱신거리는 고통이 가라앉으면 지끈거리는 두통이 싫어 몸을 뒤척이다가 일어나 앉고 싶은, 일어나 걷고 싶은, 일어나 스트레칭이라도 하고픈 마음적 동요가 생기지만, 육신은 꼼짝도 않고 자리 보존하길 원하는 무기력증에 빠진다. 생각도 멈춘다. 그러니 당연 의욕도 상실되고 멍한 채 우주 공간에서나 느낄 무중력 상태로 빠진다. 그건 홀이다. 블랙홀. 스스로가 만든 늪. 허우적거리다 더 깊이 빠지는 나락. 도저히 헤어 나오지 못할 그래 그건 늪이다. 이런 공황 상태를 탈출할 수 있는 유일한 문은 가족의 관심이었다. 그들의 걱정이 하나씩 하나씩 두텁게 깔린 안개를 걷어 주고 난 선선한 공기를 흡입해 새롭게 눈을 뜨게 되는 것 같았다.

추운 겨울이 지나고 가지 않을 것 같던 시간이 지나면 내게도 따스한 봄이 연두빛 포근함으로 다가올 것이다. 그 믿음이 있는 한 난 이겨 낼 것이고, 그리고 반드시 이겨 내야 하는 이유는 소중한 나의 가족이 아프도록 응원을 하고 있기 때문이다.

2017. 병신년 끝자락 12월에

이젠 정리를 해 보자

지극히 평화로운 주일 오후다. 쇠고기 잘게 찢어 넣은 미역국에 노란 조밥, 그리고 콩나물무침, 양배추 물김치, 마른 김, 쇠고기양파볶음이 반찬으로 나온 점심을 먹고, 양치를 하고 잠시 누웠는데, 때 이른 춘곤증인가? 나른함이 밀려오면서 깜빡 잠이 들었다.

병실 청소하는 미화원 여사님이 들어오면서 단잠은 깼고, 켜놓은 TV에선 '같이 삽시다' 라는 프로가 진행되고 있었다. 오후 들어 햇살이 더 좋은 것 같다는 미화원 여사님 말씀에

"아 그래요?"

하며 병실 창문을 내다보니 진짜로 봄 햇살이 마구마구 쏟아지고 있었다. 그와 동시에

"한동안 죽음이라는 것에 대해 생각을 많이 했다."

라는 탤런트 박원숙의 대사에 마치 중요한 그 무엇인가를 잃어버

린 사람마냥 난 벌떡 침상에서 일어나 앉았다.

어찌 난 이리도 태평한 건가. 아님 무념인 건가?

난 내가 암이라는 병에 걸렸다는 판정을 들었을 때도 그 힘들다는 항암 시간을 지내면서도 '아 아픈 거구나.', '아파서 요즘 힘든 거구나.' 라고 단순하게 생각은 했지만 '죽을 것이다. 죽을 수 있다. 죽게 될 것이다.' 이런 직접적인 죽음이라는 단어를 단 한 번이라도 진지하게 떠올리거나 연관 지어 생각진 않았었다.

그냥 아픔이란 건, 병에 걸렸다는 건 시간이 지나고 치료 과정이 지나면 나을 것이고, 그러면 몸살 앓고 일어난 것처럼 털고 일상으로 돌아가리라 생각했다. 지금도 그 믿음엔 크게 달라진 것은 없다고 본다. 우연하게 들은 대사 한 마디에 죽음이란 정해진 시간이 없는 것이고. 예정이라는 가정하에 우린 너도 나도 시한부 인생을 살고 있는 것이다.

특히 나와 같은 경우는 얼마나 죽음과 가까이 있는가. 암이라는 큰 병에 걸렸고, 암 덩이를 잘라내는 수술을 받았고, 수술로 다 제거하지 못한 암세포를 죽이려 항암 치료에 방사선 치료를 몇 달째 하고 있지 않은가. 치료가 다 끝난다 해도 향후 5년 동안 재발되지 않도록, 전이되지 않도록 해야 한다고 들었지 않은가. 이미 암 판정과 동시에 죽음까지 선고된 것이 아니었던가.

그런 지금의 나야말로 진지하게 죽음에 대해 생각을 했어야 했는데, 안일한 사고가, 아니 미련한 사고가 사태의 심각성을 깨치지 못하고 있었다. 어쩌면 부인하고픈, 받아들이고픈 마음이 없었던 것일 수도 있다. 그래도 한심하다. 그리고 무책임하다. 나에 대한 심각성을 무시한 내 자신이 진짜로 한심하다.

이렇게 햇살이 눈부시도록 좋은 날, 지난 겨울 동안 병마와 싸웠고, 치료에 전념하며 고통을 참고 아픔을 이겨내며 힘들게 보내고 맞은 이 봄날에 죽음이라는 단어를 주제로 마음 정리하자니 가슴에서 봄 햇살처럼 뜨거운 눈물이 흐른다.

오십이라는 결코 길지 않은 시간을 난 어떻게 걸어왔을까? 크게 힘들다는 생각도 없었고 딱히 잘 살았다고 할 그 어떤 내세움도 없어서 그런지 크게 슬프거나 억울하진 않은 것 같다. 이런 기분 또한 직접적인 죽음이 아직 가슴에 와 닿지 않아서인지 순간 약간의 혼란이 왔다.

좀 진지하게 마음을 들여다봐야겠다. 그리고 죽음을 앞두고, 정말 곧 죽는다면 어떻게 죽음을 맞아야 하는지에 대해서 말이다.

평범한 사람들도, 굳이 죽음에 대한 선고를 받지 않은 사람들도 버킷리스트를 만들어 실천하려 하지 않던가. 그래 일단은 입던 옷과 신발을 최소한으로 정리하고, 그 다음은 쓰던 살림살이도 정리하고, 보험이나 통장, 핸드폰, 내 앞으로 돼 있는 작은 것 하나까지 다 남편 앞으로 정리해야겠다. 가족과 친구들과의 여행도, 만남도, 식사도, 그리고 작별 인사도 빼먹지 않고 할 것이다. 나의 흔적들을 하나씩 정리하면서 내 딸들에게 편지도 쓸 것이고, 물론 내 남편에게도 쓸 것이다. 그리고 그 동안 써 왔던 글들을 하나의 책으로 엮어 발행할 거다.

막상 적어 보니 마음이 바빠졌다. 시간이 얼마 남지 않았다는 생각에 마음은 좀 우울하지만 우리는 누구나가 다 시한부 인생 아니던가? 그나마 난 미리 준비할 수 있는 시간이 주어졌기에 행운이기도 하지 않은가. 단 한 번도 생각해 본 일이 아니기에 어설플 수도 있겠다. 그렇다고 완벽하다면 우습지 않을까? 분명한 것은 화장을 할 것이고 어디 훨훨 뿌리기보다는 살다가 엄마라는 존재가 그리워 찾아와 마음 놓고 실컷 놀다갈 수 있는 나무 밑 수목장으로 해 달라 하고 싶다. 따스한 봄날 태어났듯이 따스한 봄날 갔으면 좋겠다.

그래 언젠간 가겠지가 아닌 이젠 가야 하기에 마음 정리를 해 보는 거다. 그리고 미련 없이 정돈된 마음으로 내 생애 소풍을 접어야겠지. 그럴 수 있도록 하나씩 준비를 하는 거다.

하필 이렇게 화사한 봄날이 아닌, 이렇게 따스한 봄날 할 수 있음에 감사하면서 말이다. 쏟아지는 봄 햇살이 눈부시도록 아름다운 3월의 오후다.

2018. 봄 안동병원 병실에서

새벽에 내린 눈 속엔 그리움이 있었다

나의 선생님….

베란다 창문 틈으로 가로등 불빛 따라 내리는 눈은 멀리서 바라봐도 아무런 기척이 없음을, 잠든 어둠조차 눈치 못 채게 그렇게 소리 없이 내리고 있습니다. 새벽이 깊어서인지 왕방울 눈을 뜬 채로 잠든 가로등 또한 사르르 안기듯 날리는 고운 벗님의 하얀 손길을 전혀 느끼지 못하는 듯 고요만 불빛에 반짝이는 듯합니다.

힘들게 잠이 들었건만 욱신욱신 쑤시는 근육 경련이 채 한 시간도 안 되어 잠을 깨우며 어제와 연이어 이 밤을 또다시 뒤척이게 합니다. 곤하게 잠든 남편의 낮은 숨소리가 이부자락 스치는 작은 소리에 깰까 봐 조심히 몸을 일으켜 커튼 쳐진 틈 사이로 가로등 불빛을 향해 조용히 앉아 소리 없이 내리는 눈을 마음에 담아 봅니다.

30여 년 전 사춘기 여중생이 다니던 휘경 동산에 내려 준 눈은 첫사랑 수줍음으로 마음 설레게 한 눈이었고, 친정엄마를 천상에 보내 드리고 친정아빠 손잡고 남편 손에 안기던 결혼식을 올리던 그 해 겨울도 행복을 빌어 주며 내린 따뜻한 눈이었고, 남편 무릎 재활을 위해 일 년여 오고가던 선생님 계시는 금곡에도 정겨움 가득한 눈으로 내려 마음 포근하게 하더니, 오늘처럼 잠 못 들며 바라보는 새벽 눈발은 뭔지 모를 촉촉한 그리움으로 또다시 가슴에 쌓여 먼 훗날 들춰볼 고운 추억으로 남으려 하는가 봅니다.

잠들지 못하는 시간이 점점 잦아지면서는 또다시 잠을 청하지 않게 되었습니다. 언제부턴가는 애써 잠을 청해도 쉬이 잠들지 못한다는 걸 알기에 주섬주섬 양말을 찾아 신고 발걸음 소리를 감추고 새벽 찬 기운을 가디건으로 걸치고 쇼파에 앉아 창문 밖 밤하늘만 무심히 쳐다보곤 합니다. 별들도 보이지 않는 겨울밤은 달조차 어둠에 감추고 베란다 창문을 두드리는 쌩쌩 겨울 바람 소리만 거실 한가득 깔린 적막을 깨우며 나의 존재를 무시하는 듯 무섭게 어둠 속으로 묻혀 버립니다.

오늘은 저녁을 먹고 난 후 평소처럼 귤을 까다가 엄지손톱이 빠질 듯한 통증을 느꼈습니다. 어제는 왼발 엄지발톱이 빠질 듯 아팠으나 아무 의심없는 생각으로 무심히 넘겼었는데, 연이어 손

톱까지 그 통증이 오기에 항암이 가진 부작용의 위력이 더욱 매섭고 무섭게만 느껴집니다. 하루하루 1차 때보다는 2차 때가, 2차 때보다는 3차가, 그렇게 항암 주사를 맞으면 맞을수록 정상 세포의 수도 줄어들기에 면역 체계가 흔들리고 있다는 걸 알면서도 몸에 나타나는 증상들이 잊지 말고 깨어 있으라며 주시하듯 말해 줍니다. 이제는 일 주일 뒤에 있는 마지막 남은 항암 4차 치료를 위해 또다시 백혈구를 스스로 만들고, 단백질도 섭취하면서 정상 컨디션을 만들어야 하는데, 쉽지 않을 듯 야속한 시간만 속절없이 흐르고 있습니다.

어쩜 저리도 무딘 걸까요? 밤을 밝히느라 고단해서인지, 도로를 달리던 시끄런 차들이 끊겨서인지 가로등은 아직도 고운 벗님의 손길을 느끼지 못하는 듯합니다. 미끄러지듯 날리는 하얀 눈들이 쌓이고 쌓이면서 가로등보다 더 밝은 빛으로 무겁게 내려앉은 어둠을 밝히고 있습니다.

그래요. 오랜만에 찾아온 벗님일 수도 있지만 호락호락하지 않은 고단한 삶 속에서 한 번쯤은 모른척 외면하는 건 아닌지 모르겠습니다. 주위의 모든 이들로부터 나 또한 서서히 잊혀지고 있는 건 아닐까? 하는 슬픈 생각은 왜 하필이면 잠 못 들어 힘들어하는 이 새벽에 맡겨 놓은 것처럼 생각나게 하는지 모르겠습니다. 몸이 병들어 아픈 것도 서러우며, 하루하루 변하는 외모에 자신감도 잃어 자존감은 바닥으로 떨어지는데, 찾아 주는 이도, 걱정해 주는 안부도 띄엄띄엄 징검다리 건너 듯하기에 소외감으로 울기도 하는 못난이가 되었습니다.

두려움이란 잊혀지는 게 아닐까 하는 소외감에서부터 시작되는 듯합니다. 일을 할 수 있다는 것은 크든 작든 한 단체에 소속되어 존재감을 나타내는 것이기에 떨어져 나간다는 허전함, 함께 어울리지 못한다는 섭섭함, 같이 있는 시간이 줄어들기 때문에 이야기를 공유할 수 없다는 허탈함, 서서히 작아지고 초라해지고 어쩌면 세상에서, 그리고 모든 이들로부터 잊혀져 지워진다는 두려운 생각에 몸을 떠는 것일 겁니다.

혈기 왕성했던 세포가 항암을 위해 쓰러지니 소신껏 내뿜던 의욕도, 겁내지 않던 패기도 상실되고 있음을 느낍니다. 놓치지 않으려 끌어안고 있는, 어쩌면 좌절하지 않으려 단단히 버티고 있던 의지와는 상관없이 세상과는 동떨어진 아무 쓸모없는 나약한 존재로 말입니다.

쉬이 하던 일상생활도 할 수 없는 그 고통은 자신을 스스로 더욱 처참하도록 무능케 만드니 다가가지도 못하고 주저하다 보니 내딛는 발자국은 낯설고 떨림으로 꺾입니다.

겪지 않아도 될 일이, 암이라는 이름으로 어느 날 소리 없이 찾아와 친구하자고 했습니다. 슬그머니 가슴에 자리를 잡고 품어 달라고 손을 내밀었습니다. 처음엔 완강히 뿌리치고 몰아내려 가슴을 후벼 팠지만 차츰 왜 왔는지, 그리고 왜 내민 손 잡으라 하는지 몸도 마음도 지독한 항암 치료에 지칠 때쯤 깨달았습니다. 쉬어 가라고, 좀 천천히 가라고 붙들었다는 것을요. 물렁물렁해진 마음 좀더 강하게 먹고, 둘래둘래 돌아보며 놓치고 산 지난 세월 꼼꼼히 챙기면서 지금부터라도 둘레길로 천천히 가라고 말입니다.

겨울밤은 냉정한 성격 그대로 한 치의 흔들림 없는 모습입니다. 꽁꽁 얼어버린 세상이 그 얼음 속 굳어진 무표정으로 하루를 접습니다. 어제와 별반 다른 것 없는 오늘을 나 또한 꼬깃꼬깃 접어 일기장 속에 넣어야겠지요.

이별이란 그 어떤 이유로도 아프지 않을 수 없음이고, 아름다운 이별이라 표현하는 건 보고픈 그리움이 절절하게 담겨 있기 때문인 걸 이젠 알 것 같습니다.

순백의 마음을 담은 눈송이들이 세상 모든 그리움을 대변하듯 살포시 내립니다. 어지러운 제 마음에도 환하게 쌓여 줍니다. 이갈 것 같지 않은 긴 시간들이 지나 훗날 그런 아픔의 시간들이 있어 잠 못 들던 어느 날 보고픈 선생님께 응석하는 편지를 보냈었구나 회상하라며 토닥이듯 그렇게 제 마음을 다독여 줍니다.

눈이 온다는 핑계로

그래서

그리움이라는 단어가 떠올라

선생님께 두서없는 편지를 써 봅니다.

2018년 1월 9일 화요일 경희 올림

봄입니다 선생님

밤하늘이 깜깜해야 하는데, 별은 띄엄띄엄 흐린 빛으로 박혀 있고 달은 대보름을 치르느라 몸살로 앓아누운 듯 일찌감치 들어가 휘장을 둘러 흔적도 없고, 군불지핀 굴뚝에서 뿜어내는 뿌연 연기를 뒤집어썼는지 안동의 밤하늘은 흐리멍텅해 보입니다.

춘분을 코앞에 두고 연일 비 소식 아니면 강풍 소식에 때늦은 눈 소식까지 있습니다. 빗님이야 봄 해갈 차 내리기에 반갑지만 봄을 시샘하는 바람은 얄궂어 밉상입니다. 그런데 춘삼월에 내리는 눈은 어떤 그리움으로 오는지 궁금하긴 합니다.

이른 아침을 먹고 창가로 들이치는 햇살만 믿고 가벼운 차림으로 아파트 뒤편에 자리한 얕으막한 영남산으로 산책을 나섰습니다. 좁은 오솔길로 들어서면서 낯익은 소리에 서둘러 발길을 옮기니 뻐꾸기 소리가 반겨 맞고 보랏빛 까치꽃도 깍깍이며 인사를 건네줍니다. 생강나무 노란꽃이 방그르르 웃어 주니 덩달아 반가워 저도 웃어 봅니다.

참으로 오랜만에 만나는, 긴 병상을 훌훌 털고 기다렸던 봄볕이고 봄바람이었으니 그 반가운 살가움에 울컥거림은 당연한 것 같습니다. 어서 오라 재촉한다고, 조금 천천히 가라 붙든다고 봄이 오고 가는 게 아니듯 인생 또한 정해진 순리 그대로 흐른다는 걸 이제야 깨닫습니다.

햇볕이 어찌 이리도 눈부실까요? 어찌 이리도 고울까요? 해마다 마주한 봄볕이건만 왜 그 전엔 이 따사로움을 외면하며 추운 겨울을 품고 살았을까요? 봄바람에 한시름 놓아 가며 살지 어쩌자고 고드름 속에 가두며 살았을까요? 그저 앞만 보고 달려온 세월 속에 얻은 건 무엇이고 가진 건 또 무엇이었을까요? 병마가 찾아온 것도 모르고 무엇을 위해 아등바등 달려왔던 걸까요?

병실을 가득 메운 탁한 공기가 무거워 창문을 열어 숨을 쉬어 봅니다. 기다렸다는 듯 따스한 봄바람이 훅하고 가슴 속까지 훑고 갑니다.

'잘 참았어. 많이 힘들었지.'

귓가에 나직이 속삭이며 바람은 지나갔고 햇살은 살갑게 내려와 봄바람이 다독이는 고마운 속삭임에 흐르는 눈물을 닦아 줍니다.

창문을 닫고 돌아서려는 데 훅! 스치고 가는 낯설지 않은 향수 냄새. 분명 그 옛날 맡았던 그리운 냄새였습니다. 점심 도시락을 2교시 때 까먹은 여중생의 나른한 눈꺼풀 위로 한문 교과서의 따분한 한자들이 무겁게 내려앉던 그 해 그 봄 햇살은 유난히 눈부셨었답니다.

그 눈부심으로 목련꽃 몽오리를 한껏 품으니 까르르 터지는 목련꽃 웃음에 한문 선생님은 분필을 놓으시고 창문을 활짝 열게 하셨지요. 봄내음과 목련꽃 웃음소리와 한문 선생님 스킨 향이 춘곤증에 눌려진 눈꺼풀을 왕방울 크기로 뜨게 하셨던, 보고픈 첫사랑 국어 선생님의 그리운 냄새였습니다.

시를 좋아하고 시를 사랑하고 시를 품게 해 주신 나의 선생님. 들꽃을, 들풀을 사랑하신 선생님의 뜻따라 낮은 데서 피우는 사랑을 알게 하셨고, 하늘의 별자리를 사랑하신 뜻따라 꿈과 그리움을 노래할 수 있었답니다.

좁은 둘레길을 오르면서 가쁜 숨을 뻐꾸기가 대신 뿜어 줍니다. 한동안 디디지 못해 힘없이 휘청이는 두 다리를 봄까치꽃이 깍깍이며 이끌어 줍니다. 햇살 한 줌에 그리운 선생님을 떠올려 웃을 수 있으니 곧 목련꽃 방그르르 웃음소리도 들을 수 있을 테지요. 매일 눈뜨고 아침을 맞아 가족들 품에서 지극히 소소한 일상을 같이 하며 느낄 수 있음이 참행복임을 이젠 압니다.

선생님 봄이 왔습니다. 제 마음에도 한가득 봄이 왔습니다. 이 봄 선생님과 같이 맞을 수 있어 더없이 행복하기에 봄바람 편에 짧은 안부를 띄웁니다.

2018년 4월 30일 월요일 경희 올림

민들레 피는 봄날을

힘들게 지나간 시간들이 다시 반복되는 간격은 3주다.

첫 항암은 도저히 끝날 것 같지 않은 고통과 아픔으로 꼬박 보름을 지치도록 힘들게 했다. 아니 어쩌면 처음 겪는 치료여서 그러려니 하고 수월하게 보냈는지도 모른다. 티끌의 공간도 놓치지 않고 온 전신을 샅샅이 훑으면서 고통이, 아픔이, 그리고 떨어지고픈 절망을 느끼게 하는 하얀 물방울의 위력. 죽이고자 하는 세포와 어쩔 수 없이 죽어야 하는 죄없는 세포의 죽음으로, 참을 수 없을 것 같은 시간 속으로, 견딜 수 없을 것 같은 시간 속으로 다시 팔을 뻗어 정맥을 찾아 두 번째의 주삿바늘을 꽂으러 갈 땐 흐르는 눈물을 감출 수가 없었다.

그 고통을 이젠 알기에 엄습해 오는 두려움을 감추기엔 내가 너무 약했고 지쳐 있었다.

하지만 다시 일어서려 하기에 주저앉는 고통을 참는 것이고, 살려 하기에 죽을 만큼의 아픔을 견디는 과정임을 알기에 독극물의 하얀 물방울이 천사 날개 되어 암으로 지쳐 버린 몸을 일으켜 세워 예전의 건강했던 그 날로 되돌려 놓기를 바라고 바랄 뿐이다.

그렇게 내 안에 봄이 오기를 간절히 바라면서 불뚝 솟을 정맥을 위해 힘을 꽉 준 주먹을 예리한 주삿바늘에 내주고 천천히 힘을 빼 본다. 견디는 과정에 불쑥불쑥 떠오르는 잡념들은 쉬는 시간도 없이 괴롭힌다.

또다시 검은 빛 머리카락이 자라날 수 있을까? 수시로 쑤셔 대는 근육통이 한바탕 지나가는 소나기처럼 잠시 왔다가 말끔히 갠 하늘 위 무지개 보듯 산뜻해질 수 있을까? 빠져 버릴 것 같은 눈동자의 따가움과 바늘로 찌르는 듯한 두통은 두텁게 깔린 안개를 걷어가는 가을바람처럼 스쳐 지나갈 수 있을까? 쓴맛으로 도배된 입안으로 억지로 삼켜진 음식물이 역류하는 울렁증은 언제쯤 차분히 가라앉을 수 있을까?

가렵고 거무칙칙하던 피부 발진은 흐르는 계곡물에 씻기워져 투명한 상쾌함으로 정말 되돌아올 수 있을까? 그토록 원했던 무시무시했던 암세포가 한 점 남김없이 내 몸 안에서 말끔히 사라지긴 할까? 그래서 그래서 난 이 괴롭고 고통스럽던 시간들을 지나 봄이라는 계절을 맞아 또다시 설 수 있는 것일까? 그러다 혹여 풀리지 않는 수수께끼처럼 답답하고 어지러운 생각에 쿵하고 좌절의 늪으로 떨어지는 건 아닐까? 또다시 쓸데없는, 아무짝에도 소용없는 잡념에 하루라는 시간을 허비했다. 그 동안 바빠서 못해 봤던 일들이 수두룩 산적해 있건만, 수시로 찾아오는 고통에다 접어야 하는 순간순간이 안타깝고, 많이 아쉽지만 지금 내게 남아 있는 힘으론 어쩔 수가 없는 역부족이다.

혼자만의 싸움이라 하기엔 이기적인 표현이다. 나라는 존재를 둘러싼 가족들……. 그들의 평범했던 생활 패턴이 나로 인해 뒤죽박죽된 것에 대한 미안함. 모든 흐름의 중심에 내가 걸림돌처럼 우선시되어야 한다는 아픔의 압박감. 식사와 대화 내용마저 나에게 촛점을 맞추고 고통과 불편을 감수해야 하는 가족들. 그 미안함을 알면서 그럼에도 불구하고 꿋꿋이 이겨 내야 하건만, 내 틀에 갇힌 우울증으로 세상과 단절하고 현실을 비관하고 좌절을 선택하는 이 못난 나.

벽이란 벽을 사방에 쌓기 바쁘고 서서히 닫아 걸은 문에 자물쇠까지 채우려는 나. 째깍째깍 시간이 가듯 사사건건 부딪히고 생채기 내는 아픔들의 연속에 서서히 지쳐 가는 가족들이 보이기 시작했다. 그러지 말아야지 하면서도 아프다는 이유만으로 서운함과 섭섭함에 눈물로 자신을 옭아매는 나. 모두가 날 사랑하건만, 모두가 날 걱정하건만, 이유 아닌 이유로 버려졌다고 오해하고 철저히 외톨이라 치부하며 웅크리는 못난 나. 이보다 더 이기적일 순 없지 않을까. 암이라는 매체는 철저히 나 자신을 무너트렸고, 철저히 날 고립하기에 실로 두렵지 않을 수 없는가 보다.

암 판정을 받고 불과 석 달 만에 난 흔들렸고, 자신감을 잃고 끝내 무너졌다. 뜻대로 행하지 못해 쌓이는 짜증과 그로 인해 따라오는 우울함이 무기력함으로 날 지배했다. 하루라는 시간이 훌쩍 지나길, 어서어서 받아야 할 치료 과정이 지나가기를 바랄 뿐이다. 이제 시작인데, 이 조급증을 어쩌면 좋을까.

보고픈 사람은 왜 이리 많은지, 하고픈 일들은 또 왜 이리 많은지, 그럼에도 하루하루 쌓이는 무기력증에 모든 걸 내팽개 둔 채 거실 창문에 걸린 석양에 하루를 내놓는다.

줄줄이 대기하고 있는 어쩌면 단편이 아닌 장편의 세월이 될 치료 과목 한 장 한 장의 페이지를 오늘도 민들레 노란 꽃잎이 방긋 피어날 따스한 내일을 위해 힘겹게 넘겨본다.

2017. 추운 겨울날에

병실에도 봄은 오고

어둠은 어제보단 한 발자욱 늦게 찾아왔다. 절기상 우수를 지낸 2월 하순이라 그런지 낮시간이 좀 길어진 탓이리라. 8층 병실 창문으로 내려다보이는 시내는 하나둘 켜진 가로등과 자동차 헤드라이트 빛으로 이어진 줄을 따라 다리를 통과하고 빌딩 사이 골목을 가로와 세로 혹은 각이 지고 둥근 선으로 퍼즐을 맞추듯 일사분란한, 그러나 막힘이 없는 그림을 그리고 있었다. 정월대보름이 며칠 뒤라 그런지 낙동강물 위로 상현달이 흐느적거리는 웃음을 띠운 채 떠 있고, 청둥오리 한 무리가 물 파장을 그리며 달 주위를 에워싸고 있었다.

어제도 분명 기상청에서는 눈이 온다는 예보를 했었고, 오늘도 전국적으로 눈이 온다 했건만, 안동 하늘은 급히 먹어 체하기라도 한 듯 잔뜩 찌뿌린 회색빛 얼굴로 조용했다. 뭔 미련이 남았는지 한밤중에라도 비가 올지 모른다는 기대를 해 보는 건 연일 겨울 가뭄이 심각하다는 보도 때문이었다.

낼 모레면 봄을 품은 3월이다. 이 달엔 졸업이 있었고, 새 달엔 희망과 설렘 가득한 입학이 있을 거고, 아지랑이 피는 봄도 덩달아 오겠지. 복수초는 벌써 노란 웃음을 발빠른 사진작가한테 들켰고, 남해엔 홍매화 망울이 맺혔다고 인터넷에 올라왔으니, 어쩌면 봄은 이미 와서 미련 못 버린 겨울을 다독이고 있었는지도 모르겠다. 병원에 입원한 지 5일째다. 입원 다음 날부터 물리 치료와 방사선 치료를 4회 받았다.

게으른 늦잠으로 아침을 열고 게으른 점심을 아침 겸 먹고, 물리 치료 한 시간과 방사선 치료를 십 분 받고 다시 병실로 올라오면 오후 세 시 반쯤. 가지고 온 책 몇 장 읽다가 TV 채널 몇 번 돌리다 보면 저녁 식사가 올라오고, 넘어가지 않는 밥알을 꾸역꾸역 삼키고 간호사가 챙겨 준 약을 털어 넣으면 그닥 한 일도 없는데, 피곤함이 밀려와 하루 일과를 정리도 못 한 채 약간의 코까지 골며 잠이 든다.

내가 쓰는 병실은 2인실이다. 룸메이트가 그새 두 번이나 바뀌었다. 새로 온 환자분은 여든아홉 되신 할머니시고, 화장실에서 넘어져 허리뼈 골절로 손주가 밀어 주는 휠체어를 타고 들어오셨다. 할머니께선 높은 연세에도 불구하고 그 흔한 당뇨나 혈압도 없으시고, 허리뼈를 다치시기 전까지 마을 회관에서 고스톱도 치시고 산책도 많이 하셨다고 자랑하셨다.

내 삶은 천 층 만 층 구만 층이라고 말씀하시기에 돌아보니 어느새 눈은 감기어 잠기운에 젖어 계신다. 살아온 세월이 책으로 엮으면 전집을 내도 몇 편을 내셨을 거라 하시는 말씀이 잠 속으로 빠져들어 입가에 머물러 울린다. 심장이 아프다 하시며, 똑바로 눕지 못하시고 옆으로 웅크려 잠드시는 할머니. 심장이 아프신 게 아니라 육십 넘은 효자 아들을 하나도 아닌 둘씩이나 당신보다 앞세워 먼저 보낸 아픔에 가슴이 아프신 걸 거라 짐작할 수 있었다.

강물에 빠진 달이 어둠이 짙어질수록 더 빛나는 걸 보면 눈이나 비가 오긴 틀린 듯하다. 겨울 가뭄으로 요 며칠 사이 세 곳에서 산불이 발생했기에 이른 봄비도 좋고 늦은 눈도 좋으니 뭐라도 내렸으면 하는 바램이 크다. 쌕쌕 낮은 숨소리에 한숨도 간간이 섞여 적막을 흔들어 주기에 자꾸만 할머니 잠든 모습을 들여다본다.

평생을 아무것도 없던 집안을 일구시느라 애쓰셨고, 슬하에 5남매를 두셨으며 시시한 대학도 아닌 서울 고려대 졸업 다 시키셨다 자랑하시고, 이젠 살고 계신 영주에선 갑부 소리 들으신다 하시면서도 정작 당신이 허리 다쳐 누워 있어도 24시간 붙어 있어 줄 그 누구도 없으시니 억척같이 살아오신 삶의 안스러움과 애처러움에 한 치의 부러움도 난 느낄 수 없었다.

어쩌면 할머니께서도 한 달 넘게 병실 생활을 하실 듯하다.

흘러간 청춘은 있기나 했었나 싶을 만큼 할머니 육체는 검버섯과 기름기 쫙 빠진 온몸이 주글주글 주름투성이시지만 살아온 추억은 무궁무진 가래떡 뽑듯 끝이 없으시기에 긴 병실 생활이 심심하진 않을 듯하다. 다만 이야기 한 소절 한 소절 끝에 살짝살짝 훔치시는 할머니의 눈물을 보면서 삶이 외롭고 고단했음을 모른 척하는 그분의 자식들과 자부들과 손주들 험을 안 할 수는 없을 것 같아 벌써부터 걱정이 앞서긴 하다.

"아야 아야."

잠결에 뒤척이시면서도 많이 아프신 듯 앓는 소리를 내시기에 돌아보니 삼 일째 감지 못한 머릿밑이 가려우신 듯 벅벅 긁어 대신다. 아무래도 낼 아침엔 5일 동안 붙어 있던 게으름을 과감히 떨쳐 버리고 할머니 머리를 감겨 드려야 할 것 같다.

작년 초가을부터 시작된 병마와의 싸움은 초록을 품은 잎들이 싱그러운 생명력을 하나 둘씩 단풍으로 물들일 때 수술을 했으며, 단풍이 낙엽으로 쌓이는 초겨울쯤엔 독한 항암제가 몸속에 쌓였고, 찬 서리가 내리고 흰 눈이 펑펑 쏟아질 땐 면역력 저하로 림프부종과 근육통으로 부작용과 싸우고 있었다. 작년 겨울엔 영하 기온이 잦았고, 눈도 폭설로 자주 내렸었다. 폭설을 맞고도 동백은 그 붉은 웃음을 피워 냈으며, 영하의 해풍을 맞으면서도 바람꽃 또한 노란 웃음을 피워 냈다. 그렇게 갈 것 같지 않던 시간은 지나갔고 기다리고 애태웠던 봄은 남풍을 몰고 올라오고 있을 것이다.

새롭게 시작하는 3월 한 달도 난 방사선 치료로 병실을 지키고 있을 것이다. 내일도 아침을 밝히는 햇살은 병실 창문을 노크할 테지. 어쩌면 한 줌 바람도 봄소식을 놓고 갈지 모른다. 힘들고 어렵던, 시리고 추웠던 겨울을 이겨내고 희망 가득한 봄이 오고 있듯이, 하루하루 포근해진 햇살은 축 처진 내 어깨를 힘내라며 안아줄 것이고, 하루하루 살가운 바람은 눈물로 얼룩진 내 얼굴 닦아 주러 다녀가겠지. 모든 만물이 소생하는 봄이 오듯이 하루하루 나 또한 봄기운에 힘입어 치유될 것이라는 믿음이 생긴다.

창문 너머 어둠은 병실의 적막감을 쓸어 보탰는지 칠흑으로 더욱 짙어졌고, 도로를 달리던 차들은 각자의 차고로 들어갔는지 그림자도 보이지 않고, 대신 가로등 아롱거리는 불빛은 그 자리에 뿌리를 더 깊이 박아 더욱 밝게 빛나고 있다. 무의식적으로 두건을 쓴 머리로 손이 갔다. 두건 속으로 흐르는 식은땀을 닦으러 손을 넣으니 솜털 같은 부드러움이 손가락 끝에 걸린다. 그래 봄을 기다린 보람이 있었다. 민둥산으로 밀었던 머리에 머리카락이

돋고 있는 것이다. 그래 조금만 더 참으면 된다. 5개월 만에 만져본 머리카락이어서 그런지 반가움에 웃음이 나왔다.

흐린 밤하늘만 아니었어도 별무리를 볼 수 있지 않았을까 하는 아쉬운 마음을 강물에 비친 달님으로 달래보고, 긴 병실 생활을 위한 오늘이라는 하루를 차곡 접어 일기장에 넣어 본다.

2018. 2월 어느 날에

스치는 만남

목성교 앞을 지나다 차창 밖으로 담임 목사님이 걸어가시는 게 보였다. 잠깐 차를 세워 창문을 내리고 인사를 드리니 무척 반가이 손을 흔들어 주시며 환하게 웃어 주시니 그 웃음 받아 나 또한 그지없이 고맙고 감사한 웃음으로 답해 드렸다.

찜닭 골목 근처 유료 주차장에 차를 주차하고 내리니 이번엔 우리쪽으로 쭈욱 걸어오시기에 앞서 내려 걷던 작은딸에게 인사하라고 시켰다.

"목사님, 둘째 딸 은비여요."

"어 그래요? 반가워요."

"목사님 어디 가셔요?"

"요 앞에 약속이 있어서. 어때요. 요즘 건강은?"

"네, 많이 좋아졌어요."

"머리는?"

"네, 제 머리카락입니다. ㅎㅎ."

"그래요. 그럼 됐어요. ㅎㅎ."

짧았지만 바쁘신 걸음 잠시 멈추시고 내 건강을 걱정해 주셔서 너무 감사했다. 항암 치료로 다 빠진 민머리가 이젠 짧은 컷트 머리 정도로 자랐기에 그 동안 치료받느라 고생 많았다 하시는 함축적인 말씀이

"그래요. 그럼 됐어요 ㅎㅎ."

에 다 들어 있는 위트 있는 말씀이 자꾸만 메아리처럼 울림으로 남는다.

내가 다니고 있는 안동교회는 백 년이 넘는 역사를 가지고 있다. 교인 수도 안동에서는 당연히 제일 많다. 그 수천 명이나 되는 신자들의 안위를 위해 늘 기도해 주시는 담임 목사님.

은혜를 받는다는 건, 관심을 받을 수 있다는 건, 사랑받고 있음 그 자체인 것이다. 안동교회는 주일 예배를 4부까지 드린다. 보통은 한 번, 또는 2부까지는 있지만 안동교회처럼 4부까지 예배를 드리는 교회는 안동엔 없다.

그만큼 많은 신자들의 시간 편의를 위해 목사님의 시간을 복음을 전파하시는 데 더 많이 할애하시니 그만큼 체력적으로도 무척

힘드심은 보태어 말할 필요가 없음이다.

정말이지 오랜만에 네 식구가 모여 찜닭을 먹었다. 피자가게로 365일 늘 바쁜 큰 딸과 졸업반으로 실습과 시험의 연속으로 시간에 쫓기어 정신없이 바쁜 작은딸과, 가까이 사는 시누이와 요즘 일이 없어 회사가 잠시 휴면 상태여서 우리 집에 내려온 남동생과 봉화 사는 내 오빠까지 일곱이 모여 맛있는 식사를 했다.

정해져 있는 시간을 지키는 것은 그나마 행동으로 옮기긴 쉽다. 그러나 각자 다른 지역에서 직장 생활하며 떨어져 사는 가족이 한자리에 모인다는 것은 집안의 대소사나 추석, 설이 있기 전엔 무척 어려운 일이다. 또 반면 정해져 있기에 미룰 수 있는 점도 있긴 하고, 가족이기에 다음 기회로 미루는 점은 같을 수도 있을 것이다.

제각각 떨어져 사는 가족의 만남 또한 주일처럼 정해져 있거나, 곗날처럼 정해져 있다면, 한두 번 정도 미루는 일은 있어도 꾸준하게 함께 할 수 있어 참 좋을 것 같다는 생각을 잠시 해 봤다.

2018. 가을 어느 날

쉰 번째 가을은 천천히

"숨차지 않아? 좀 쉬었다 갈까?"

몇 발자욱 앞선 남편이 돌아보며 걱정스레 물었다. 15년 전 찾았던 그 때도, 그 후 두세 번의 다녀감이 있었지만 여전히 주왕산은 활짝 두 팔 벌려 그 넓디넓은 가슴으로 산을 오르내리는 모든 이를 품어 안아 주고 있었다.

주차장 입구에 좌우로 늘어서 오고가는 이들을 호위하듯 변함없이 꿋꿋한 은행나무는 지난밤 내린 첫서리에 그 노오란 수줍음을 모두 내려놓고 앙상한 가지만 하늘로 뻗은 채 쓸쓸한 고독을 온몸으로 태우고 있었다.

참나무 잎사귀의 붉음이 온 산을 뒤덮었고, 낮은 담장 너머로 아기손 단풍이 붉은 웃음을 띠고 있었으며, 숨을 멎게 하는 우뚝 솟은 웅장한 바위엔 근접 할 수 없는 장엄한 기운이 서려 있어서인지 가을바람 한 줌도 잠시 머물지 못하는 것 같았다. 계곡을 타고 흐르는 맑고 투명한 물줄기에 살포시 내려앉은 햇살의 눈부심이 일곱 빛 무지개를 수놓고 있었으며, 초록 무성함이 빚어낸 찬란했던 여름도 천천히 가을을 받아들이고 있음을 떨어져 뒹구는 낙엽 밟는 소리에 알 수 있었다.

그 짙고 두터웠던 열정을 하나 둘 내려놓고, 하나 둘 비움으로 인해 주왕산은 화려한 홍엽으로 물들고 있었으며, 아쉬운 여름을 떨쳐 내느라 지독한 몸살을 앓고 있음을 오고가는 등산객들의 감탄사로 충분히 느낄 수 있었다.

높고 낮음을 떠나, 많고 적음 또한 개의치 않고, 주어진 환경 속에서 모든 걸 다 내려놓고 티끌까지 다 태울 수 있다면, 그래서 빈 가지로 혹독한 겨울을 맞는다 해도 두려울 게 없다는 듯 모든 나무들이 앞 다투어 온몸 불사르고 있음을 간간히 불어오는 바람편에 묻어온 자연의 거친 숨소리로도 충분히 알 수 있었다. 순리임을 깨닫는 엄숙하고 장엄한 순간이 아닐까 한다.

"아니 괜찮아요."

어젯밤 도련님 내외의 발걸음으로 한동안 답답하고 소원했던 체증이 풀렸기 때문인지 수술 후 장거리 산책이 힘들기보다는 새털구름처럼 마음 편안했기에 난 웃으며 대답했다.

"형수님 죄송합니다. 잘못했습니다. 그러니 아프지 마소."

그 한 마디에 모든 것이 다 무너졌다. 뚝뚝 떨구는 눈물이 굳어져 돌처럼 딱딱했던 미운 감정을 한순간에 녹였고, 떨리는 도련님 손을 잡는 순간 나 또한 주르륵 눈물이 흘렀다.

'가족이구나. 그래! 내가 참 많이 사랑한 사람이었구나.'

고마웠다. 잠시의 미워하고 서운했던 마음도, 그리고 사실이 아닌 오해했음도, 참 많이 미안했다.

"형님 찾아오고 싶었어요. 정말 죄송해요."

동서의 울음 섞인 그 한 마디는 날 더 아프고 미안하게 했다. 똑같은 입장의 며느리로써 어쩌면 나보다 더 힘든 짐을 진 동서였기에 그 동안 마음 고생했음이 더 안스러웠다. 등을 쓰다듬고 손을 꼬옥 잡아 주며 그 마음을 다독여 주었다. 무엇이 그토록 오해를 낳게 했으며, 무엇이 그토록 마음의 상처가 되어 아파했는지를 따지고 해명하기보다는, 왜 그럴 수밖에 없었는지에 촛점을 맞추니 꽉 막혔던 물꼬가 터지듯 고개 끄덕이는 이해를 할 수 있었다.

각자의 가정사로 가까이 살면서도 잦은 왕래가 없다 보니 서로가 서로의 마음을 다 헤아리지 못했기에 오해의 늪은 깊었으리라. 가족이어서 더 믿었고 더 의지했고 더 이해했어야 하건만 가족이기에 더 안일했고, 더 미뤘으며, 더 받으려 하진 않았는지 되돌아보는 귀하고 감사한 시간이었음은 언급할 필요도 없는 것 같다.

난 얼마 전 상상도 못했던 유방암 판정을 받았었고, 그 후 한 달 후 날을 받아 3.8센티미터 크기의 암 덩이를 잘라내는 수술을 받았다. 지금은 암 환자라면 누구나 힘들어 한다는 항암 치료와 방사선 치료를 기다리고 있다. 남의 일인 줄 알았던 현실이 내게로 왔다는 사실이 믿기지 않아 부정하고 벗어나려 바둥거렸지만, 끝내 인정하고 받아들이는 시간이 쉽지만은 않았기에 예민할 대로 예민해 있었다.

어쩔 수 없이 받아들여야 함에 태연하려 애쓰고, 주변을 하나씩 정리하면서 지난날 억척같이 살아온 인생이 결코 아름다운 옳음이 아니었음에 바보같이 울기도 많이 울었다.

그 와중에 겹친 사촌지간의 오해는 날 더 비참하고, 초라하고, 억울하게 만들었기에 섭섭함은 무지 컸을 것이다. 하지만 그들의 결코 쉽지만은 않았을 발걸음에, 또한 진심어린 위로의 말 한마디에 그 동안 켜켜이 쌓였던 마음의 주름살이 활짝 펴지고, 더 일찍이 품어 안지 못한 나를 돌아보게 되었다. 아픔이 있고 불행이 닥쳤을 때 제일 먼저 기도해 주는 가족이 있다는 사실에, 이 또한 이겨내리라는 믿음과 용기가 생겼음은 어쩜 지극히 당연한 것일 게다.

'동서야 잘 잤니? 난 다른 걸 다 떠나서 그냥 동서가 좋다. 우리 더 많이 사랑하며 살자꾸나.'

주왕산이 안아 주는 포근함이 무척 따스했던 모양이다. 서슴없이 예전처럼 다정한 문구로 동서에게 문자를 남겼다.

'네 형님. 가족 사랑의 힘이 정말 크다는 걸 느꼈어요. 보듬어 주셔서 감사해요.'

한결 편안해 보이는 답을 받으니 동서도 나처럼 잘 잔 것 같아 행복한 웃음이 나왔다. 아마 동서도 나와 같은 생각으로 예쁘게 웃고 있을 것 같다.

천천히 우리 내외는 주왕산 능선의 중간 부분인 연호폭포까지 올라갔다. 머물듯 떠나가는 가을이 아쉬워 등산객들은 각자 핸드폰으로 폭포 물줄기를 뒷 배경으로 한 컷, 뒹구는 낙엽을 한 움큼 주워 흩뿌리면서 또 한 컷, 벌겋게 물든 단풍잎 사이사이로 저마다의 사연을 담아 수없이 찍고 있었다. 남편과 나 또한 예외일 순 없었기에 좀더 환한 웃음으로 멋지고 소중한 추억을 만들기에 바빴다.

아낌없이 모든 걸 다 주고 가는 가을이다. 먼저 베품으로 받을 수 있음을, 먼저 행함으로 얻을 수 있음을, 먼저 숙임으로 더 가까워질 수 있음을, 그렇게 자연은 붉게 상기된 가을로 값진 가르침을 주고 있었다. 원효 대사가 무덤 속 해골의 물을 마시고 일체유

심조(一切唯心造), 즉 모든 것은 마음이 만들어 낸다는 진리를 깨달았다고 하지 않았던가. 주왕산을 내려오며 하나씩 하나씩 멍에를 내려 놨음인가 이렇듯 내 가슴이 시원하게 맑아져 옴은 나 또한 그 깨달음을 느꼈기 때문이겠지.

자동차 앞 창문 너머로 노을이 새 색시 얼굴처럼 붉게 물들고 있다. 행복함이 가슴을 타고 흘러서일까? 운전하는 남편의 손을 꼭 잡으며 말없이 감사함의 웃음을 건넸다.

생의 전환점을 돌아가는 어쩌면 난 생의 반환점에 서 있는 것이 아닐까 한다. 쉰 번째 마지막 이 가을을, 다시 선물받은 아가의 걸음걸이로 처음 맞는 이 가을을 천천히 디뎌 보련다. 어찌 새롭지 않을런가. 어찌 감사하지 않을런가. 사랑하는 가족이 있음에 감사하고, 사랑할 수 있는 시간이 있음에 더욱 감사하고, 사랑받을 존재로 기억될 수 있음에 넘치는 사랑 속에 내가 있음을 감사하고 감사한다.

2017. 늦가을 10월말에

전환점

오늘은 친정 큰집 큰오빠의 첫째 홍규가 장가드는 날이다.

며칠 주춤주춤 흐리더니 조카의 행진을 축복하는 듯 흰 구름 띄운 청명함을 하늘에 깔아 주었다. 오랫동안 뵙지 못한 친정 식구들과 친지들을 뵐 수 있었건만 그 시각 난 고운사 소나무 숲을 남편과 걷고 있었다.

유방암 판정을 받고 4일 전 수술을 하고 내려온 터라 장거리 움직임은 버거웠기에 아직 남은 통증을 진통제로 달래며 시댁 근처로 산책을 나온 거였다. 적당히 불어 주는 가을바람에 코스모스의 몸놀림이 너무도 예뻤다.

누군가를 기억해 준다는 것,

누군가의 자리가 비어 있다는 것,

그리고 그 누군가의 안부가 궁금하다는 건

가족이기에 느끼는 정보다는 진정한 사랑이 내포되어 있기 때문이리라. 그랬다. 난 그 끈끈한 사랑을 걸려온 전화기 너머 숨소리에서 충분히 감지할 수 있었고 느낄 수 있었다.

참석 못한 이유가 뜻하지 않은 병명에 있었음에 다들 걱정과 위로와 격려를 아낌없이 표현해 주었고, 그 동안 안부 못한 그들의 행동을 미안해했다.

내 언니요, 오빠들이었음에도. 진심이 다가와 가슴을 먹먹케 했고, 비로소 그들의 품 안에 내가 있었음을 잠시 잊은 내가 행복해 웃는다.

선분홍의 꽃잎이 환하게 웃어 주는 코스모스에 비로소 그에 걸맞은 웃음을 보여 주는 내가 예쁘다. 마음의 평온이란 마구 보내져 오는 사랑을 받았을 때, 존재의 의미가 축복임을 느꼈을 때 찾아오는 게 아닐까 미소지어 본다.

한평생을 백이라 긋는다면, 난 그 절반의 전환점에서 새로이 고개를 들고 힘찬 발걸음을 내딛는 출발선상에 서 있는 것이다. 하늘의 뜻을 아는 지천명. 오십이란 숫자와 함께 찾아온 병마. 받아들이긴 결코 쉽진 않았지만, 억울해 눈물이 난다기보다는, 인생을 살면서 지금껏 세상과 싸워 왔다면, 앞으론 나 자신에게 찾아온 병마와 싸워야 함에 참 어이없음으로 많이 울었다. '잡으려던 순간순간을, 놓치며 살아온 시간 시간들을 찾으라고 멋진 휴가를 받았구나!' 하고 마음 돌려 먹으니 생기띤 웃음을 웃을 수 있었다. 가을이다. 그 무엇도 부족함이 없는 이 가을. 그러나 부족함이 없기에 다시 다 내려놓아야 하는 가을이다.

난 갈림길에 서 있는 가을 여인이 되어 웃어 보련다. 초록의 그 찬란함과 풍성함을 하나씩 내려놓는 낙엽처럼, 짊어진 어깨의 고된 삶의 한 켠도, 두 손 가득 쥐어진 지칠 줄 모르던 전진도 내려놓으며, 또다시 언 땅을 비집고 나올 초록 새 순의 놓지 않는 희망을 위해 차디찬 겨울을 맞듯 나 또한 삶의 진정한 의미와 가족의 사랑을 찾으려 이겨 보려 한다.

병마가 친구로 다가와 손을 내밀었으니 미워 떨치려 하기보다는 다독이며 받아들여야겠다. 내가 예뻐하면 그 병마도 그리 해코지는 하지 않겠지? 그 옛날 삼국지에서 유비가 믿고 베푼 자비로 간사한 여포가 함부로 해하지 못했던 것처럼 말이다.

밤바람이 제법 차다. 밤하늘에 떠 있는 몇 안 되는 별들이 행여 감기라도 걸리지 않게 달님이 보듬듯이 이 멋진 가을 난 새로운 삶을 위해 힘차게 변신 중이다.

2019. 10월에

제2부

들꽃은 피고

당신에게 1

결재서류가 잔뜩 쌓였는데 밀쳐 놓고
복도로 나가 자판기 커피 한 잔 빼든다.
17층에서 바라다보는 빌딩 숲으로
기다리던 단비가 내려 준다.
서둘러 뛰는 개미만한 사람들
점이 찍히듯 총총총 뛴다.

빈속에 커피 한 잔 털어 넣으니
쏴아 하고 막혔던 가슴이 트이는 듯하다.
느슨하게 넥타이 풀고
창문 밖 비오는 뿌연 하늘을 바라본다.

철없는 아들이 어미에게 투정하듯
또 못난 모습 보여 당신을 속상케 했구려.
해장하라 북어국 준비해 준 아침상
못 본 척 그냥 나와 미안하오.
라디오에서 그러더군
비오는 수요일엔 빨간 장미를
퇴근할 때 한 송이 사 갈까 하오.
이젠 건강 생각해 술 줄이도록 하겠소.
내 생각해 잔소리한 걸 짜증내 미안하오.
북어국 먹고 나올 걸 몹시 후회하고 있소.

단비가 그친 듯하오
당신 좋아하는 커피 한 잔 하라고
문자 넣었는데 답이 없구료.
허허 퇴근 후 일찍 가리다.

장미꽃은 다발로 사야 될 듯싶다.

당신에게 2

꼭 일 년이 됐구려.
힘들게 장인어른 보내 드린 날이.
햇살이 유난히 따스하던 오월
먼저 가신 장모님께 영영 가시던 날

마땅히 모실 형편 안 되어
요양 병원에 모시던 날
큰처남, 작은처남, 당신
그렇게 삼 남매가 불효라며 힘들어 했었지.

사 계절을 두 번 병원에서 보내시고
당신이 늘 따뜻한 봄에 가시라 하더니
그 뜻 그대로 따라 주신

마지막 가시는 길 사랑하는 딸 곁에서
지극히 편안한 눈 감으시던 장인어른

큰 산이 무너진다는 느낌 그대로였습니다.
애 엄마 걱정은 마시고
장모님과 26년 만에 만나셨으니
하늘나라에서 행복하시길 빕니다.
영천에 있는 호국원으로
장모님과 함께 합장해 모셔 드리고
돌아오는 차 안에서 당신이 그랬지
"좋은 곳 가셨나 봐. 마음이 너무 편해.
그런데 나 이젠 고아됐네."라고.

당신 고아라고 슬퍼 마오.
장인어른 몫까지 내가 있으니
당신 고아라고 울지 마오.
우리 서로 어깨 기대어
세월이 가라는 대로 맡겨 두고 천천히 흘러갑시다.
잠든 당신 손 꼬옥 잡고 있으니
꿈도 꾸지 말고 푸욱 자구려.

아버님, 그리고 어머님께!!

새로운 한 해를 맞이하기 위해 떡국 떡 썰어 놓으시고, 튀밥 튀겨 강정 만들어 놓으시고, 식혜며 감주며 정성들여 몇 날 며칠 만드시고, 생선에 나물거리 시장 봐다 놓으시고, 애쓰고 고생하신 어머님 아버님. 분주한 손길에 사랑 듬뿍 담아 자식들 손주들 일일이 다 챙겨 주시고 걱정해 주셔서 감사합니다.

열흘은 족히 굶어도 될 만큼 엄청 먹고 놀고 쉬고 너무 편히 있다가 왔습니다. 머물다간 빈자리가 많이 힘들고 허전하진 않으셨는지요?

자식들, 손주들이 한바탕 휩쓸고 지나간 자리 홀로 뒷정리하시고, 수북히 쌓인 수건들도 폭폭 치대 삶고 널어 말리시고. 먼 길 다녀간 자식들 떠난지 얼마 됐다고 그새 그리워 눈물짓고 계실 내

어머님 아버님. 보따리 보따리 트렁크 안에 다 채우시고도 더 내주지 못해 안타까워하신 어머님 아버님 감사합니다. 그리고 고맙습니다. 가까이 있으면서도 장사한다는 핑계로 전화로만 안부 여쭙고, 명절 준비 김장 준비 제사 준비 홀로 다 하시는 내 어머님 아버님. 너무 죄송하고 너무 감사합니다.

올 설은 그 어느 설날보다 날씨도 포근했고 그래서인지 마음도 편하게 잘 보내고 온 것 같습니다. 틈틈이 자식들이 건넨 적은 용돈 모아 두셨다가 손주들 세뱃돈으로 더 많이 보태서 주시는 그 마음 알면서도 마음이 짠해 옴은 뭘 의미하는 걸까요. 연골이 닳아 무릎이 너무 아파서 쉽게 일어나지 못하시고, 가볍게 계단 내려가시지 못하는 어머님 모습이 너무도 안타깝고 가슴 먹먹했었습니다.

365일 자식들 평안 기도 덕분에 저희 4남매 잘 지낼 수 있었음에 늘 감사드립니다. 반면 주시는 그 사랑 절반만이라도 갚아드려야 하건만, 그러지 못하는 제가 참으로 죄송할 따름입니다. 무엇 하나 부족함 없이 살뜰히 챙겨 주시고 아껴 주셔서 감사합니다.

어머님!

집에 돌아 와서야 보았답니다. 제 아이들 세뱃돈 담아 주신 봉투에 쓰여 있던 어머님 마음을요.

“착하게 공부 열심히 해 줘서 장학금도 받고 엄마 아빠 도와주는 착한 내 손녀 귀엽고 사랑한다. 할머니가.”

삐뚤빼뚤 써 놓으신 봉투를 보면서 울컥 했었습니다. 애 아빠가 집안의 장남이면서도 손자가 아닌 내리 손녀만 안겨 드렸었는데도 단 한 번도 섭섭한 내색 안 하시고 보듬어 안아 주시고 사랑해 주셔서 너무 감사합니다. 그 넓으신 마음 잊지 않고 더 열심히 살게요. 어머님 주시는 사랑 늘 감사히 여기며 어머님 아버님 건강을 위해 저 또한 늘 기도하겠습니다.

한동안 못 뵈었던 봉화 시작은 할아버님도 찾아뵐 수 있어 더 행복했었고, 잊혀져 가는 기억 속에서도 예전의 그 환한 웃음지어 주시며

“내가 자넬 왜 모르겠나?”

하시던 시작은 할아버님의 말씀이 올해로 91살 되심을 무색하게 하리만치 정정하심에 또한 감사했었습니다.

부족함이 많은 저를 차고도 넘치는 사랑을 주셔서, 그 사랑받고 살고 있음에 어머님 아버님께 또 한 번 감사드립니다.

올 한해도 건강 조심하시고 늘 행복하시길 기도합니다.

어머님 아버님 사랑합니다.

2015년 2월 21일 토요일

큰며느리 김경희 올림

신세동 벽화 마을을 돌며

봄볕이 따스하게 내리고 바람도 잠잠하고, 더욱 좋았던 건 거의 한 달을 넘게 뿌옇게 덮었던 미세먼지가 말끔히 사라진 투명한 하늘을 마주할 수 있음이었다. 맑고 깨끗한 공기가 좋아 혜숙 언니와 신세동 벽화 마을을 둘러보았다.

춘삼월이 시작되어 반긴지가 어제인 듯했건만, 성소 병원 앞 목련이 활짝 웃어 주니 벌써 마지막 주 수요일이다.

한동안 마음고생이 심했던 혜숙 언니의 작아진 손을 깍지 껴 잡고, 오르막 경사가 심한 벽화 마을을 오르니 봄볕이 따스하게 등허리를 감싸 주었다.

평소 운동을 하지 않아 오르막 경사와 간간이 이어지는 계단을 오를 땐 잠깐 잠깐의 숨 가쁨이 있었지만 어딘지 낯설지 않은 정겨움이 느껴져 좋았고, 살아본 적은 없었지만 책으로나, 드라마로 비쳐진 달동네의 아련한 추억들이 떠올라 신선한 기쁨을 맛보는 건 덤인 듯했다.

개나리 망울이 필 듯 주춤거리고, 매화꽃 방긋거리는 담벼락을 둘러보면서 누가 먼저랄 것도 없이

"어머 예쁘다!"

하며 이미 우리 곁에 와 있던 봄을 지금에라도 느낄 수 있음에 감사했다.

토끼 모형이 곳곳마다 있기에

"이 마을엔 옛날에 토끼가 많았었나 봐!"

했더니

"산동네는 달님과 가깝기 때문에 달님과 방아 찧는 토끼가 컨셉일 거야."

하는 혜숙 언니의 말이 너무 멋진 해석으로 들렸고, 가만 생각해보니 혜숙 언니 또한 사춘기 시절 문학 소녀였으리란 생각에 빙그레 웃음 짓기도 했다.

봄볕이 충분히 내리는 키 작은 담벼락 밑엔 오랑캐꽃이라 불리던 민들레가 노란 함박웃음으로 오고가는 발길을 반기고 있었기에 둘이서 잠시 쪼그려 앉아 신기함과 반가움으로 들여다보기도

했다.

구불구불한 골목골목엔 담장이 낮아 마당도 없는 집 안이 훤히 들여다보였고, 감추어 보여 주고 싶지 않은 찌든 가난과 헐벗은 궁핍한 살림살이가 봄볕에 반짝이고 있었다.

작고 적은 공간이라도 있으면 스치로폼 박스에, 또는 금이 간 화분에 때꺼리가 되면 소박한 밥상을 풍성하게 채워 줄 상추 모종과 쪽파 모종이 손바닥 만큼씩 심어져 있었고, 그 길을 쭉 따라 가파르고 좁다란 골목 끝 귀퉁이엔 키 작은 동백나무가 봄볕에 밀린 겨울 자락을 바람편에 보내고 있었다.

길이 좁아 깍지 낀 손을 놓고, 난 뒤에서 언닌 앞장 서 걸었다. 앞 서 걷는 언니의 뒷모습에서 삶의 답답함과 내일에 대한 불안감으로 축 쳐져 무거웠던 어깨가 조금은 가벼워 보인 건 아무래도 봄볕 탓일까?

까치발 띠고 서 있던 토끼 모형을 보면서 일 나간 엄마가 언제쯤 올까 기다리는 어릴 적 자신의 모습을 떠올리며 설핏 추억을 회상하면서 잠시나마 근심을 잊었는지도 모르겠다.

가난했던 살림살이가 고스란히 배어 있는 달동네. 너무도 가진 것이 없어 나누고 싶어도 나눌 게 없었지만 소박한 정만큼은 밤하늘 은하수만큼 넘치도록 가득했기에 그 힘든 하루하루를 버티며 살아올 수 있지 않았을런지.

갈래갈래 나뉘어진 좁은 골목들마다 그 끝이 있어 평안하듯이, 천 갈래 만 갈래 갈라져 복잡한 혜숙 언니의 마음도 그 끝의 종착점이 있어서 예전처럼 편안해졌으면 좋겠다.

봄날이다. 따스함이 참 좋은 빗장 건 혜숙 언니의 마음도 봄볕이 한가득 내리어 한동안 잊었던 환한 웃음이 매화꽃 팡팡 터지듯 언니의 얼굴에 가득하길 바래 보았다. 이 봄이 다 가기 전에 한번 더 다녀가야겠다고 생각하며 바라본 언니도 내 마음과 같을 것 같았다.

2018. 춘삼월에

봄이 오는 길목에서

늘상 그래 왔던 것처럼 지극히 평범한 하루였다. 몸이 고단하거나 걱정이 있는 것도 아닌 데 잠이 안 온다. 억지로 잠을 청해 보지만 헛수고다. 거실로 나와 우유 한 잔을 데워 마시니 한결 편해졌다. 창 밖의 가로등도 꾸벅꾸벅 졸고 있다. 하늘을 쳐다보니 별님도 잠들어 있다. 어릴 적 유난히도 잠투정이 심했던 날 업어 마당가를 거닐며

"달님도 자장자장

별님도 자장자장

이쁜 우리 딸은 엄마랑 자장자장"

흥얼흥얼 불러 주던 엄마의 자장가. 따뜻한 엄마의 등이 그리워 잠이 안 오나 보다.

거실 장 속 앨범을 꺼내 왔다. 한 장 한 장 넘겨본 앨범 속 사진

들이 날 보니 반가운 듯 웃고 있다.

'아! 추억의 책장이란 이런 거구나.'

50번의 봄이 오고 여름이 가고 가을을 느끼고 겨울이 그 앨범 속에 있었다. 내세울 것도 없고, 보란 듯 자랑거리도 없고, 지극히 평범한 세월이었지만, 따뜻한 가족이 있고, 행복이 있고, 웃음이 있음을 안다.

살아온 세월이 진정 행복했다고 말하고 싶다. 화려하고 고상하진 않았지만 예쁘고 아름다웠다고 자부하고 싶다. 오십 평생 걸어온 길은 장미꽃밭은 아니었지만 가시에 찔려 아플 때 위로해 주는 우정이 있었고, 꺾여 넘어질 땐 손잡아 이끌어 주는 의리와 진실이 있었기에 행복하다 말할 수 있는 게다. 반듯한 성품은 아니었지만 그러길 노력했기에 앞으로 남은 반평생은 더 둥글게 살 수 있을 게다.

무수한 세월이 빚어 놓은 사연 사연들은 보석처럼 가슴 한 켠을 채워 준다. 한 계단 한 계단 밟으며 지나온 발자취 속엔 힘들고 아팠던 아련한 추억들이 겹겹이 쌓여 있기에 용기를 알고 희망을 품을 수 있었을 게다.

봄이 오고 있다. 쉰한 번째의 이 봄은 나에게 어떤 행복을 안고 올지 궁금하다. 꽁꽁 얼어붙은 땅 속에서도 봄기운을 느끼는지 기지개를 켜는 소리가 들린다. 희망을 안고 행복을 맞이하려면

나 또한 준비를 해야겠지. 좀더 겸손할 줄 알고, 주어진 현실에 감사할 줄 알고, 순응하는 낮은 자세로 임할 줄 아는 긍정을 가슴에 품어야겠다. 서서히 동이 터 온다. 주어진 현실에 감사하며 존재함만으로도 더욱 감사를 느끼며, 더 두툼한 행복을 담을 수 있는 앨범을 만들 수 있도록 하루하루 감사하는 마음으로 이 봄을 맞이해 보련다.

2017. 봄이 오는 길목에서

담쟁이

보이지 않는 발걸음으로, 그 누구에게도 들키지 않을 소리 없는 기어오름으로 교회 담장을 뒤덮고, 그 높은 종탑을 기어이 휘감더니 더 이상의 오름이 없어서였을까! 밤새 내린 봄비에 처연히 떨군 네 모습이 길 잃어 방황하는 이 마음 같기에 어디서 한 움큼 봄볕을 빌려와 너에게도, 축축하게 젖어 지쳐 버린 내 마음에도 뿌려 주고 싶다.

그토록 목마르게 기다리던 따사롭던 봄이 왔기에 너도 나도 서둘러 반겨 맞아서였을까? 춘삼월 지나 봄이 무르익는 4월에 연둣빛 가지 위로 하얀 흰 눈이 폭설로 내리고, 주체 못 할 웃음꽃으로 흐드러진 벚꽃 잎엔 차디찬 비바람이 심하게 몰아쳤으니 그것이 동장군의 시샘이라는 것이겠지.

시샘도 어느 정도여야지! 봄볕에 내맡긴 몸뚱이가 양지에서도 바들바들 떠니 취업 한파에 웅크리는 내 모습과 무엇이 다를까? 어느새 지천명을 훌쩍 넘어 탱탱하던 청춘도 왔었나 싶게 가 버렸지만, 마음은 아직 푸릇한 봄날이기에 거울 속 중년의 아줌마 얼굴이 낯설어 갸우뚱 손사래를 쳐 본다.

솔직히 어쩔 수 없는 현실이요, 피할 수 없는 사실이지만 그 낯설음을 받아들이기에는 쉬이 마음이 열리지 않는다. 피부 좋다는 소리에 민낯으로 부끄러운 줄도 모르고 다녔었는데, 이젠 분칠이라는 걸 좀 해야 뽀샤시한 생기 도는 얼굴이 되니, 세월 무상함을 더 말해 무엇할까.

발끝에 채인 돌멩이가 또르르 굴러 노오란 웃음 함박 피운 키 작은 민들레 잎사귀를 흔든다. 그 해맑은 노오란 웃음에 발길을 접어 쪼그려 앉아 보니 봄볕이 대책 없이 따사롭다. 행여 그림자로 응달질까 조심스레 비껴 앉으니 작은 바람에 또 한 번 노오란 꽃잎이 흔들린다.

순간 까르르르 숨넘어가는 봄 처녀 웃음소리가 겹쳐 스친다. 허리 잘록한 개미들도 덩달아 신났다. 몸통보다 더 큰 먹잇감을 물고 쉼도 없이 분주하다. 긴 동면을 끝내고 기지개 편 대자연이 봄볕 한 줌 한 줌에 모두가 제자리를 찾아가고 있다.

벚꽃의 흐드러진 웃음이 바람에 날리어 꽃비로 내리고, 능수버

들 가지마다 연한 연둣빛 물이 오르니, 곧이어 산마다 연산홍도 벙그레 웃어 줄 테고, 라일락 보랏빛 향기 또한 담장 너머 봄볕에 날릴 것이다. 아기손 같던 담쟁이 잎사귀도 초록빛으로 그 야무진 끈기를 끝없이 보이듯이 만물이 소생하고, 새로이 시작되는 이 봄, 나 또한 적지 않은 나이에 도전한 간호조무사 자격증을 앞세워, 할 수 있다는 자신감으로 취업의 문을 노크해 봐야겠다.

웅크렸던 가슴 활짝 펴고 새롭게 펼쳐질 내일을 위해 한 발 한 발 힘주어 디뎌 볼 수 있음은 이 봄볕이 더할나위 없이 너무도 따스하기 때문일 것이다.

2019. 오월 어느 날에

임병호 시인 시비 제막식에 다녀와서

봄볕의 따사로움은 챙 넓은 모자와 양산으로, 그리고 내빈석을 위한 천막으로 대신할 수 있었다. 그러나 바람은 피할 도리 없어 고스란히 맞아야 했다. 한 번씩 불어온 바람은 엄청 강해서 바닥에 단단히 박아 고정시킨 천막 다리를 송두리째 뽑아 버릴 것 같은 사나운 힘이 느껴질 정도로 불안했고, 간간히 약하게 불어온 바람 또한 존경하는 시인님의 시비 제막식이기에 곱게 단정히 빗은 머리카락을 헤집어 엉망으로 만들 만큼 진짜 많이도 불었다.

행사를 맡은 사회자는 바람이 선생님 누워 계신 곳에서 불어오는 걸 보니 아마도 외로움에 젖어 계시다가 격하게 반겨 주시는 것 같다고 했다. 그래서였을까? 그 다음부터 맞는 바람이 그리 강하다거나 세다는 불안한 느낌이 들진 않았다.

생전에 밤새워 어둠을 논하면서 쓰디쓴 소줏잔에 새벽을 부어 마시고, 형형색색 그리움을 차곡차곡 쌓기도 하고, 짙고 불투명한 외로움으로 원고지와 씨름을 같이 했던 많은 벗들과 후배들과 선배들을 만나서 너무도 기쁜 나머지 조정되지 않는 선생님의 거친 호흡일지도 모른다는 생각이 들었기 때문이다.

봄볕의 온화함은 바람과는 정반대로 매우 부드러웠고, 또한 섬세할 정도로 따사로웠다. 뵙지 못한 선생님이셨지만 왠지 거친 바람과는 정반대로 굴절 없이 온 누리로 퍼지는 봄볕처럼 시인의 특유한 감성으로 구석구석 보듬어 다독여 주시지 않으셨을까? 짐작케 했다.

선배님들과 시비 추진 위원회의 추모의 글과 각계각층에서 보내온 축사를 순서대로 듣고 생전에 그렇게 좋아하셨다던 소주를 한 잔 따라 드리면서 '문답(問答)' 이라는 시가 적힌 시비 제막식을 행했다. 까마득한 후배의 시 낭송은 청아하면서도 엄숙했고, 불어오는 바람처럼 강렬하게, 듣는 사람들을 매료시켰다.

문답(問答) 임병호

왜 그리 술을 마시는가!

산이라든지
강이라든지
풀잎이라든지 꽃잎이라든지

구름이든
천둥이든
저 억수 같은 비이든

아침이든
저녁이든
그믐 그 깜깜한 밤이든

눈물이 나서 자꾸 눈물이 나서

제막식이 다 끝나고 나서도 쉬이 자리를 떠나지 못하고 생전에 주고받았던 이야기를 하나 둘 꺼내던 선배님들의 눈가엔 촉촉한 이슬이 맺혔고, 한 잔씩 따라 드신 막걸리의 알콜은 시비 제막식의 감격스러움에 이미 벌겋게 상기된 두 뺨을 더 붉게 만드는 데 아낌없이 일조하였다.

저마다의 마음에 계신 시인님이시기에 떠나보낼 수 없는 그리움으로, 또다시 쓸쓸히 홀로 남겨 두고 돌아서야 할 아쉬움을 더 깊숙히 가슴에 새겨 넣고 계심을 느끼니, 생전에 지독하도록 돈독했었을 정을 느끼기에 충분했다.

시비에 적힌 싯귀 그대로 밤이면 은하수 별 무리가 시인님과 함께 논할 테고, 낮이면 바람 편이든, 새들의 날개 편이든, 시비에 적힌 문답을 논하느라, 그리고 잊지 못한 정을 나누느라 선생님 누워 계신 금소 마을이 떠들썩 바쁠 것 같다는 생각이 들었다.

해가 뉘엿뉘엿 넘어가고 스멀스멀 어둠이 긴 꼬리를 깔기 시작해도 고인에 대한 무궁무진한 에피소드는 그 끝이 없을 듯 보였다. 뜻깊은 자리를 함께 할 수 있었음에 감사드리며, 같은 문인으로서 진심 존경과 사랑을 느끼며 돌아섰다.

2019. 바람부는 봄날에

꿈길에서

눈을 떴을 때 제일 먼저 반긴 건 열려진 창문 틈으로 포근한 봄볕에 묻어 온 따스한 바람이었다. 딱히 누굴 그려 보진 않았지만 의미 없는 바람 한 줌은 힘들게 뜬 눈꺼풀을 다시 감기게 하기엔 충분했다. 차라리 어둠이었다면 덜 힘들었을까? 또 다시 부질없는 투정에 깡마른 눈물이 흐른다.

병석에 누운 지 삼 년째. 삶을 쉽게 포기하는 사람이 과연 있을까? 무덤덤하게 받아들일 수 있는 경지에 쉽게 다가갔으면 좋겠다. 아마도 고열이 가져온 혼절이 며칠 동안 옆자리를 지키게 했을 테고, 그 사람은 잠시 못 잔 잠을 쪽잠으로 대신하고자 했을지도 모른다. 이렇게 덩그러니 나만 있게 하진 않았을 텐데. 그냥 고열 속에 힘들게 붙잡은 인연의 줄을 슬그머니 놓았다면 좋았을 것을. 하나님도 무심하시지. 또 다시 세상에 버려진 짐짝으로 힘겨운 고통 속에 눈을 뜨게 하셨다.

누굴까? 슬리퍼 끄는 소리에 온몸의 신경을 곤두세워 감겨진 눈꺼풀을 힘껏 밀어 올리려 했지만 만만치 않다. 감기지 않는 눈꺼풀을 약으로 감게 한다고 매일 저녁 콧줄에 연결된 비위관으로 하루도 빠짐없이 쓰디쓴 약물을 집어넣기에 이미 굳을 대로 굳어버린 사지육신은 청각만 남겨 놓은 채 눈꺼풀조차 마음대로 뜨지 못하게 했다.

밤샘을 한 간호사의 발걸음 소리는 무겁고 피곤에 지쳐 있음을 슬리퍼 끄는 소리로 충분히 느낄 수 있었다. 마음이 시켜서가 아닌 손이 먼저 능숙하게 움직여 경관과 물과 약을 비위관으로 쏟아 붓더니 1분도 채 안 걸리면서 나의 아침 식사가 끝났다.

마음대로 눈꺼풀도 감지 못하고 신경줄이 주는 고통에도 악 소리 한 번 지르지 못한 채로 굳어 가더니 오늘 아침은 그 느낌이 많이 달랐다. 눈꺼풀이 저절로 떠졌으며 늘 한 곳만 응시하던 눈동자도 병실의 형광불빛 따라, 왔다 갔다 하는 사람들 발걸음 소리에 따라 움직이더니 논바닥처럼 쩍 갈라졌던 혀와 입술이 달싹달싹 움직여지고 목구멍 저 밑에서부터 밀고 올라오는 공기방울이 훅하고 쏟아져 나오는가 싶더니 막혀서 꽉 막혀서 잃었던 소리가 아 하는 신음 소리로 입가를 타고 흐르고 있었다. 이 미세한 움직임을 아직은 아무도 눈치 채지 못했는가 보다. 날 보러 달려오거나 반응을 살피는 사람이 없는 걸 보니.

하지만 변화는 거기서 멈추지 않았다. 탁 트인 목구멍에선 처음엔 아 하는 소리에 이어 으으으 개미만큼 작은 소리가 점점 커지면서 내뱉듯한 소리와 막혔던 숨이 휴우 하고 길게 나왔다. 그 다음부터는 쉬웠다. 분주한 발걸음 소리가 급하게 들리더니

"세상에나, 깨어나셨나 봐."

거기까지 듣고 난 다시 혼수상태와 같은 깊은 잠에 빠져들었다. 얼마나 헤매고 다녔을까. 누군가 내 손을 잡고 있다는 느낌에 눈을 뜨니 엄마였다.

"엄마!"

하고 입술을 타고 목소리가 춤추듯 흘러 나왔다. 엄마는

"그래그래 엄마야. 고맙다 고마워."

하시며 왕방울만한 눈물을 하염없이 흘리시며 연신 고맙다고 하셨다. 기적이었다. 꼬박 3년을 식물인간으로 누워 있던 나에게 기적이 찾아온 것이다. 그토록 보고 싶었고 부르고 싶었던 엄마. 절망으로 삶을 다 포기하고 이젠 보낼 준비를 다 하여도 엄마만은 끝까지 날 놓지 않을 것을 알고 있었기에.

"엄마. 엄마."

"자기야. 눈 떠 봐. 꿈 꿨어? 장모님 꿈 꾼 거야?"

남편이 좀 세게 흔들어대는 바람에 진짜로 눈을 떴다. 창가로 스미는 아침 햇살이 게으름을 탓하는 듯 너무도 밝게 비추고 있

었다. 눈물이 주르륵 흘렀다.

'아 꿈이었구나.'

때마침 쉬는 날이기도 했고 일요일이기도 해서 우린 둘 다 밍그적거리고, 늦은 아침까지 게으른 잠을 잤던 모양이다. 잠꼬대를 하는 나 때문에 남편이 먼저 깨어 날 흔들었던 것이다.

"어. 꿈을 꿨나 봐."

엄마 나이 43이라는 무척 젊은 나이에 저 멀리 소풍을 떠나신 내 엄마가 무척이나 보고 싶었던 모양이다.

'아직 기일날도 멀었는데 뭔 일이지? 매사에 조심하라고 아니면, 엄마도 내가 보고 싶어서 다녀가신 걸까?'

오랜만에 꿈결을 빌려 찾아온 엄마와의 만남은 한동안 좋은 여운으로 남았다. 비록 생생하도록 내가 아팠던 게 마음에 걸렸지만 해피엔딩 아니었는가 말이다.

가로수의 나뭇가지마다 물이 올랐는지 새 순이 꿈틀거린다. 가까이 다가가 들여다보니 연둣빛 새 순마다 그리움이 대롱대롱 걸려 있는 듯 말이다. 움츠렸던 그리움들이 연둣빛으로 피어나는 봄이 아닌가. 켜켜이 쌓아 두었던 보고픈 그리움도 꺼내어 한동안 잊고 지냈던 엄마와 아빠를 뵈러 다음 쉬는 날엔 호국원엘 다녀와야겠다.

2019. 어느 봄날에

봄바람

연 이틀 동안은 볕이 그렇게 따스할 수가 없었다. 걸치고 나간 외투의 무게만큼 겨울이 물러섰는지 창으로 스치며 들이치는 볕은 영락없는 봄볕 그 자체였다.

어제와는 사뭇 다른 표정으로 볕은 온데간데없고 잠잠하던 바람이 불어서인지 피부에 닿는 차가운 느낌이 사뭇 진지하다. 덜컹 베란다 유리창을 두들기기도 하고 간간히 작당들을 한 건지 회오리처럼 뭉쳐 불어와서는 있는 힘껏 유리창을 마구 흔들어 놓고 가는 게 아닌가.

"뭐지? 뭔 심술이 이리도 고약하지?"

꽃샘추위라고 귀엽게 봐 주려 했는데 어이쿠 그 바람의 세기가 사뭇 위협적이고 장난기 감춘 훈장님 회초리보다 더 매섭게 느껴지기에 움찔할 정도였다.

그 해 봄날도 그랬다. 교정에 핀 목련이 그 우아함과 도도함으로 막 망울을 터트리려 할 때 어디다 감춰둔 그리움인지 한바탕 눈이 내리는 게 아닌가.

"와 눈 온다!"

누가 먼저랄 것도 없이 우린 우르르 교실 창가로 모여들었고, 따분하고 졸기 딱 좋은 한문 수업을 하시던 선생님께서도 검은 뿔테 안경 너머로 보이는 하얀 세상을 풋내 나는 여중생들의 환호 소리에 호응해 주시는 듯 한참을 지긋이 바라보셨다.

"아니 춘삼월에 웬 눈이지?"

"너무 예뻐요. 선생님. 목화솜 흩뿌려 날리듯 제법 굵은 알맹이로 펑펑 눈이 오네요!"

"어머. 목련꽃 위로 소복히 쌓이니 귀여워서 어째요!"

서로가 한 마디씩 재잘재잘 종알종알 춘삼월 하순에 내리는 함박눈 소식에 새학기 새내기들의 어색함과 따스한 볕에 춘곤증으로 무기력해져 있던 우리들은 목련꽃 안스러움보다도 팝콘 터지듯 팡팡 날리는 눈이 너무도 신기하고 한없이 예뻐 보여서 단발머리 반우들 얼굴마다 불그레 복사꽃이 피듯 눈 구경하느라 정신이 없었었다.

우리 반뿐만 아니라 전교생이 모두 창가로 모여 신나게 눈 구경을 했었던 기억이 입가에 미소처럼 번지니 아마도 저 심술궂은 바람이 한 몫 한 듯했다.

한문과 국어 수업을 같이 하셨던 선생님께서는 풋풋한 소녀 감성에 확 불을 지피심을 잊지 않으셨다. 아니 결코 놓치실 분이 아니셨다.

"너희들 한문 수업은 안 할거니?"

"그럼 책들 접고 아직 수업 시간이 반도 더 남았으니, 춘삼월에 내리는 눈을 소재로 시도 좋고 산문도 좋고 한 편씩 써서 내라."

하셨다. 내가 다니던 중학교에선 해마다 오월이면 교내 백일장을 개최했었고, 사춘기 풋내 솔솔 풍기는 우리들은 그날 하루만큼은 시인과 소설가와 수필가가 되어 중견 작가 못지않은 분위기를 잡으며 절대로 놓칠 수 없고 결코 되돌아갈 수 없는 순수 서정을 누에고치 실 뽑듯 맘껏 뽑아낼 수 있었다. 아마도 그때를 위한 예행 연습이었으리라.

어디서 눈은 오는 걸까? 그리고 어디서 그런 곱고도 바래지 않은 연둣빛의 고운 글들이 여리고 푸릇한 감성으로 피어나 한 편의 글이 되는 걸까?

상대를 좋아하는 마음처럼 순수한 게 세상에 있다면 그것 역시 눈일 것이다. 이렇게 예고 없이 내리는 눈처럼 그저 바라만 보기에도 쿵쾅 가슴 설레고, 손톱 끝에 봉숭아 물들이며 남몰래 기다려지는 첫눈처럼 만남이 기다려지니 말이다.

베란다 창 밖으로 보이는 하늘이 잿빛이다.

'어쩜 이 바람이 눈을 데려오는 건 아닐까?'
하는 생각이 든다. 서둘러 핸드폰으로 일기 예보를 들여다보니 눈이나 비 소식은 없고 단지 기온이 뚝 떨어질 거라 한다. 험한 세상인 줄 꿈에도 모르고 며칠 볕이 좋아 매화가지에 물이 올랐는데 그 옛날 목련꽃 몽오리 위로 흰 눈이 소복히 쌓여 애잔함을 그린 것처럼 안타까움이 먼저 드는 건 지천명(知天命)을 훌쩍 넘긴 지금의 내게도 설핏 그 시절 풋풋함이 남아 있는 건 아닐까 하는 생각에 피식 웃음이 나왔다.

철모르고 서둘러 봄을 맞이하려던 목련이나 철없던 그 시절 그 감성을 끌어내 보겠다고 펜을 들고 앉은 내 모습이나 무엇이 다를까? 모든 일에는 순서가 있고, 그에 걸맞은 자리가 있고, 해야 할 시기가 있음인 것이다. 놓치고 잰걸음으로 서둘음보다는 그때 그때 느낄 수 있는 열린 마음이 아직은 내게도 남아 있기에 스스로 작은 위로로 토닥여 본다.

휘이잉. 바람이 운다. 조금 전까진 진지하게 불어오더니 지금은 아무런 느낌도 없다는 듯 툭 놓고 가는 뒷모습에서 축축한 눈물이 묻어 있는 듯 보인다. 겨울이 가고 봄이 오고 있음을 저 심술궂은 바람도 이젠 제대로 느낀 모양이다.

2019. 춘삼월에

봄볕 내리는 날

열정이란 뭘까? 그것도 한 떨기 꽃이겠지? 용감하게 속에 감춰 두었던 비장의 무기를 꺼내듯 움츠렸던 기지개를 활짝 켜고 모진 비바람 다 받아도 그 향기 잃지 않다가, 볕이 그 따사로움이 지칠 때 같이 시드는 것처럼 아마도 꽃 중에서도 가장 아름다운 꽃이 아닐까 싶다.

오늘도 볕이 참 고왔다. 입춘을 지나 곧 경칩이 다가오는 싯점이지만 양지 녘에 곧게 뻗어내리는 볕은 벌써 산수유 가지마다 물을 댕겨 놓기 시작했으니 봄볕이 아니겠는가 말이다.

모처럼 쉬는 날이었고 미루워 왔던 선생님과의 식사 한 끼 하기로 약속한 오늘도 볕은 그 따사로움을 불그레 피어내고 있었다. 선생님의 인상은 어렵고 쉽게 다가갈 수 없는 근엄함보다는 양복 차림일 때나 오늘처럼 탁구 게임 한 판 하고 나선 트레이닝 차림일 때나 똑같이 따스함과 인자함과 넉넉한 포근함이 있어 뵐 때마다 편안했었다. 아마도 선생님 양 볼에는 개구진 동심이 가득 들어 있어서가 아닐까 고개 주억거려 보았다.

편안한 인상과는 달리 혹여나 식사자리가 불편하거나 어려우면 어쩌나? 내심 걱정을 했었는데, 역시나 기우였음을 금방 깨달았기에 뜨끈한 메기매운탕을 호호 불어 가며 눈가에 맺힌 땀방울도, 뜨거움에 훌쩍이는 콧물도 부끄럽거나 하진 않았다.

더구나 따끈한 식사가 끝나고 사방이 막혀 있는 찻집에서의 고상한 분위기보다는 자연이 들려 주는 봄소식 가득한 온뜨레 피움 앞 정자에서 편의점 커피 한 잔으로도 충분히 긴 이야기의 보따리를 풀 수 있었으며, 붙잡아 놓지 못한 시간이 그만큼 흐를 때까지 만족할 수 있었음은 봄볕의 역할이 크게 한 몫 했음을 고백한다.

하고 싶은 배움이 있었고, 앞으로 나아갈 지적 말씀이 허기지도록 고팠기에 두서없이 여쭈어보고 갈팡질팡 대답을 했던 것 같다. 부족한 후배지만 보석으로 여겨 주시는 말씀에 힘을 얻었고, 앞으로도 쭈욱 같이 가자는 취지의 말씀에 좌청룡 우백호가 감싸 안 듯 백만 대군의 든든함에 행복했다.

각자 저마다 느끼는 봄이라는 계절은 제 각각 그 모양과 색깔과 향이 다르겠지만, 이 봄이 내게 주는 모양은 둥근 원이었으며 보랏빛 색으로 은은한 들꽃향으로 느껴짐은 바램이 아닌 눈앞에 아른거리는 봄을 있는 그대로 온몸으로 받아 안았기 때문이리라. 참 좋다. 함께 할 수 있는 이 순간이 더 좋고 이끌어 주시는 손길이 있어 더욱 행복하다.

곧 민들레도 피고, 생강나무에도 물이 오르고 꽃이 필 것이다. 이 봄 아낌없는 열정으로 잡은 손 꼭 잡고 아장아장 새내기 걸음으로 다시 한 번 걸어보련다. 눈부신 봄볕이 긴 꿈을 꾸고 있던 잠자던 나의 열정을 살포시 깨우니 이 봄이 참으로 고맙고 감사하다.

2019. 2월 어느 날

제3부

들꽃이기에

미워하는 마음

그래 바램이란 요상하게도 배려하는 마음도 싹뚝 끊게 만들고, 이해하려는 발걸음도 꽁꽁 붙들게 만드는 것 같다. 그러려니 하다가도 순간순간 울컥 화가 솟는 걸 보면 그 사람 됨됨이에 자꾸만 실망을 해서일 것이다. 모른 척 내버려 두어야지 하다가도 허공에 흩어지는 빈말만 자꾸 튀어 나오니 나도 참 문제다.

마음앓이 안 해야지 하다가도 불쑥불쑥 한 마디씩 던지는 말이 밉기에 짜증 섞인 얼굴이 될까 봐 자꾸만 멀찌감치 떨어지고픈 마음뿐이다.

분노 조절 장치가 있어 넘치는 화를 슬기롭게 제어할 수 있다면 얼마나 좋을까? 시키지 않아도 좋은 감정은 늘 넘치도록 아낌없는 배려를 하게 만들고, 폭넓은 이해를 하도록 하지 않는가? 이 또한 수위 조절 장치가 있다면 실수하지 않을 것이다.

일거수일투족이 눈에 거슬려 정면으로 바라보지 못하고 기웃거리며 관심을 받고자 한다. 이 얼마나 상반된 마음인가? 미움이 지나치니 그 인생이 안스럽게 보인다. 이것도 오지랖이겠지. 싫으면 접어두고 부딪치지 않으려 해야 하건만 마음 저 밑바닥에서 올라오는 측은함은 또 뭐란 말인가?

되돌아본다. 항상 나만 옳을 수 있겠는가. 입장 바꿔 돌아보면 그도 내가 마음에 들지 않을 것이다. 맞추려 하지 말자. 받으려 하지도 말자. 그냥 그가 하고자 하면 내버려 두자. 말 또한 섞지 말자. 그저 내게 떠들고 싶어 하면 그저 그런가 보다 들어만 주자. 행동 또한 조심하자.

상대가 옳다고 주장하는 그 마음에 맞서지 말자. 자신이 아는 분야에 잘못된 상식을 가지고 있더라도 고치려 하지 말자. 그 자신 그 빛깔 그대로 찬란하다 하는데, 굳이 반박하며 요것저것 머리 아프게 따지지 말자. 승부욕일 수도, 과시욕일 수도 있을테니깐.

조석으로 불어 주는 바람이 제법 시원하다. 길가의 코스모스 또한 저만치 높아진 하늘을 향해 하늘하늘 웃어 주는 모습이 가을 여인 그 자체다. 오라 한들 재촉해 오지 않고, 가라 한들 서둘러 가지 않는 계절의 발걸음을 배워야겠다. 꽃이 제아무리 예쁜들지지 않고 어찌 열매를 얻겠는가? 항상 좋은 일만 있을 순 없겠지. 그래 한 발 뒤로 물러서 바라보자.

2019. 코스모스 피는 가을에

장마철 꿉꿉함

'평소 미움을 밑바닥에 깔아 두었던 상대가 있었는데, 어느 날 상사로부터 그 상대에게 질책이 떨어졌다. 은근 쾌재를 부르며 고소하다는 마음이 들었다. 왜? 나도 사람인지라. 그럼 티내지 말지. 굳이 그 못난 얼굴에 참기름 고소함을 잔뜩 바를 이유까진 적어도 없어야 하지 않았을까! 동료잖은가. 그래도 미워하는 마음이 더 컸기에 질책에 대한 수습할 방안보다는 이참에 아예 사표를 쓰고 더 이상 부대낌 없이 물러나거나, 아님 전처럼 식어 빠진 국그릇처럼 보이지 않는 한쪽에 찌그러져 있거나 그랬으면 좋겠다.'

드라마이긴 하지만 인간이기에 서로가 경쟁하는 사회생활의 대립도 이해 가능한 것이고, 시기도 질투도 타당하다고 시청자 입장으로 위안도 쬐끔 해 봤지만, 미움이라는 그림자가 얼마나 짙으면 저런 독설을 쏟아 낼까 싶었다.

어디서 찾아보겠는가? 그 옛날 책 속에서 배웠던 이해와 나눔과 응원과 배려는 도대체 어디서 느낄 수 있을까!

삭막함과 너무도 얇은 정과 돌아서면 남이 되어 버리는 세상. 버려지고 소외되고 잊혀지는 그들처럼 나 또한 그 자리에서 벗어나면 새까맣게 잊혀지는 존재임을 왜 모를까. 아니 알기에 더욱 더 철저하게 이기적으로 변하는 것이 아닐까?

비가 온다. 장마라고 하더니 창문을 톡톡 투두둑 두드리며 비가 온다. 예고된 상황엔 대처가 가능하다. 일기 예보에 맞추어 우산도 준비하고 큰 태풍 소식이 있다면 집 주변 정비도 꼼꼼히 챙겨 피해를 예방하려 노력한다.

그런 것처럼 그럼 잊혀질 존재임을 알기에 미리 마음 비우는 연습을 해야 하는 게 아닐까? 빗장 걸어 꽁꽁 마음을 숨기고 상대의 얇은 정마저 꼼꼼히 따져, 받든지 말든지 해야 하지 않을까!

씁쓸한 현실이다. 갈수록 더 하겠지. 나부터 바뀌지 않는 이상 바라거나 기대하거나, 은근 기다리진 말자. 그 또한 철저한 이기심 아니겠는가!

아침 시간에 짧게 시청한 드라마의 내용이 슬픔으로 감성을 자극했다. 시청자의 재미를 위해 억지로 맞추어 놓은 설정과 배신과 이용과 짓밟음이 황당한 줄 알면서도 지금의 현실을 그대로 비추어주는것 같아서 슬프다.

따스한 볕이 그립다. 겨우 사나흘 지난 장마철이건만 볕이 마냥 그립다. 꿉꿉하고 찐득한 눅눅함보다는 뽀송뽀송하고 까슬까슬한 인견 같은 정이 그립다.

바람이 산들 불어 준다면 앞뜰 평상에 앉아 시원한 수박도 쪼개어 먹으면서 가슴 촉촉히 적셔 주는 시 한 편도 쓰고 싶다. 그리고 밤이 되면 눅진함이 싫어 마당으로 나가 별을 헤며 하얗게 질린 달님에게 나직한 목소리로 낮에 쓴 시 한 편 읽어 주고 싶다.

2019. 어느 여름날

소나기가 주고 간 선물

제법 굵은 줄기의 소낙비가 내렸다. 잠깐이지만 바람도 불었기에 그 느낌은 꽤 거칠었으나 반면 시원했다. 가는 길이 바쁜 듯 그냥 그렇게 한 줄기 쏟아 붓고 이내 햇살이 쨍하게 비쳤다. 닫아 둔 창문을 활짝 다시 여니 강하게 내리쬐는 여름 햇살이 눈살을 찌푸리게 한다. 창 너머 강변쪽에 월영교 다리 위로 무지개가 그림같이 선명하게 둥근 곡선을 그리며 떴다. 참으로 오랜만에 보는 무지개여서 무척 반가웠고 너무도 아름다웠다.

어릴 적 내 엄마는 하숙을 쳤었다. 기역(ㄱ) 자 모양의 한옥엔 방이 여섯이었는데, 다섯은 하숙을 놓았었다. 제법 넓은 마당엔 우물도 있었고, 앵두나무도 두 그루 있었다. 앵두나무 옆엔 들장미도 있었고, 엄마처럼 소담스런 분꽃도 심어져 있었다. 아버진 당시 중사로 군인이셨고 우리집 하숙생들도 모두 아빠처럼 군인이었다. 햇볕이 오늘처럼 따갑게 내리쬐는 날이면 우물 옆 앵두나무 밑에 깔아놓은 평상에 앉아 수저로 수박을 떠서 우물물로 냉채를 해 주시던 엄마. 차가운 우물물 한 바가지로 시원하게 등목을 하고 나면 방울방울 떨어지는 물방울 위로 무지개가 보이곤 했었다.

'무슨 근심과 걱정이 있으랴.
사랑하는 가족이 다 함께 웃을 수 있고
서로가 부족해도 가지려 욕심내지 않으니
아비가 안아 주고
어미가 손잡아 주기에
세상 부러울 것 하나 없더라.'

월영교 다리 위에 뜬 무지개를 보고 있자니 가슴 한 켠이 울컥거린다. 무지개 너머로 가물가물 엄마가 손을 흔들어 주는 것 같다. 아니 분꽃처럼 수줍은 듯 곱게 미소짓고 있는 듯하다.

신부전증으로 콩팥이 다 썩어 피오줌을 누시면서도 삼 남매 육성회비 보태려 부업으로 실밥 뜯고, 봉투 붙이고, 구슬을 꿰던 내 엄마. 정작 본인은 병이 깊어 가는 줄도 모르고, 지금의 내 나이보다 훨씬 적은 젊은 나이로 무지개 따라 가셨다. 그리움이 목에 걸렸었나 보다. 난 햇살에 반짝이는 무지개를 보면서 나지막한 소리로 엄마를 불러 봤다.

'엄마!'

"아 짜증나!"

벌컥 현관문이 열리면서 큰 딸아이가 들어왔다.

"엄만 집에 있으면서 왜 전화도 안 받았어요! 우산 좀 갖다 달라고 전화했었단 말이에요."

"어? 미안 미안. 엄마가 딴 생각 좀 하느라고 전화벨 소릴 못 들었나 봐. 미안해 딸!"

"무슨 생각?"

딸은 비에 젖은 교복을 서둘러 벗어놓고 헐렁한 티셔츠로 갈아입으면서 좀 전에 짜증낸 게 되려 미안했는지 다정한 말투로 되묻는다. 날은 덥지, 비는 오는데 우산도 없지. 엄만 전화도 안 받지, 버스 정류장에서 집까지 족히 10분은 헐레벌떡 뛰어왔지, 짜증이 이만저만이 아니었을 텐데 말이다. 미안한 마음에 부리나케 부엌으로 가서 냉동실에 사다 넣어 둔 아이스크림을 하나 꺼내 딸아이 입에 물려 주며 미안함을 대신 했다. 그러곤 딸아이 손을 이끌고 창가로 가서 월영교 다리 위에 무지개가 떴으니 빨리 보라고 너스레를 떨었다.

"진짜? 무지개가 떴어?"

하며 딸아이는 아이스크림을 입에 문 채로 창 너머 무지개를 본다.

"어디? 없는데!"

그사이 무지개는 엄마를 태우고 사라지고 없었다. 아쉬웠다. 짧은 시간이었지만 엄마를 봤다는 생각으로 잠시나마 행복했었는데. 주말엔 딸아이와 함께 엄마와 아빠를 합장해 모셔놓은 호국원을 다녀와야겠다. 엄마가 좋아했던 붉은 장미를 한 다발 사 들고서.

2014. 소나기 내리던 날

영아야 내 친구야

고등학교 2학년 겨울방학 때의 일이다. 그날은 개학을 앞두고 교실 대청소를 하는 소집일 날이었다. 오전 열한 시쯤 교실 청소를 마치고 집으로 가는 버스를 탔다. 오랜만에 만난 친구들 다섯 명은 버스 맨 뒷칸으로 쪼르르 가서 전깃줄에 참새가 옹기종기 앉듯이 편하게 앉아 방학 동안에 못 만난 이야기를 신나게 수다로 쏟아내고 있었다.

항상 겨울엔 눈이 내리든 비가 오든 빙판이 문제다. 소집일 전날에 내린 많은 눈으로 말미암아 도로는 군데군데 빙판이 되었던 모양이다. 버스 기사님은 노련한 운전 실력으로 최대한 서행운전을 하시고 계셨을 것이다. 하지만 갑자기 인도로 다니던 자전거가 미끄러져 차도로 튀어 들어왔고, 그 자전거를 피하려고 핸들을 급히 돌리며 급브레이크를 밟으면서 사고가 났었다.

다행히도 버스는 빙판임에도 미끄러질 듯하다가 바로 멈췄고 자전거를 치진 않았지만, 버스 맨 뒤에 앉아서 정신없이 떠들고 있던 우리 다섯 명은 급정거로 인한 충격으로 버스 뒷부분이 붕 뜨는 바람에 모두가 운전석까지 굴러 버스 타는 입구 계단에 사정없이 쳐박혔다. 요즘처럼 그 시내 버스는 안전띠가 설치되어 있지 않았기에 우린 무방비 상태로, 정말이지 눈 깜짝할 사이에 버스 입구까지 굴렀던 것이다.

버스 안에는 우리 친구들 다섯 명과 맨 앞좌석에 앉아 계신 아저씨 한 분이 다였고, 다행히도 친구들 중 세 명은 아주 경미한 타박상으로 많이 다치진 않았다. 그러나 앞좌석에 앉으셨던 아저씨는 무릎과 정강이를 크게 다치셨고, 영아도 귀와 이마가 찢어져 대여섯 바늘 정도 꿰매야 하는 상처를 입었으며, 난 영아 밑에 깔려서 어디 찢어지거나 부러지거나 하진 않았지만 무척 큰 타박상을 여기저기 입었었다.

앞좌석에 앉았던 아저씨는 상처가 커서 큰 병원으로 엠블런스에 실려 가셨고, 사고 접수를 받고 도착한 경찰관의 도움을 받으면서 영아와 나는 사고 난 지점 바로 앞에 있는 개인 병원으로 갔다.

병원 문을 밀고 들어가니 연탄난로가 쭈글쭈글한 누런 연통을 옆구리에 차고 뜨거운 열기를 후끈후끈 뿜어내면서 밖에서 차가운 바람에 떨었던 우리를 따스하게 맞이해 주었다. 난로 뚜껑 위에 놓여진 연통보다 더 누런 주전자에선 주전자 뚜껑을 밀어 올리는 수증기가 달그락 소리를 내면서 간호사 선생님과 같이 "어서 오세요."라며 인사하는 듯 보였었다. 영아는 병원에 도착하자마자 찢어진 귀와 이마를 꿰매는 가벼운 시술을 받았고, 난 간단한 엑스레이를 촬영한 후 병실에 나란히 입원했다.

영아와 난 친구의 친구로 만났기에 그리 친하진 않았었다. 2주간이라는 병실 생활로 서로에 대해 알게 되면서 차츰 정이 흠뻑 들었다. 순수하고 착했으며 정이 많은 아이로 느껴졌었고, 그 인연으로 37년이 넘도록 둘도 없는 벗으로 지내고 있다.

사고 났을 당시 내가 밑에 깔리고 영아가 내 위로 굴러 떨어지지 않았다면, 앞자리에 있던 아저씨처럼 영아도 크게 다쳤을지도 모른다고 당시 사고 수습하러 달려온 경찰관이 그랬다. 내가 밑에 깔림으로 충격에 대한 완충 역할을 톡톡히 한 셈이다. 그래서

"난 너의 생명의 은인이야. 앞으로는 언니라 부르면서 잘 받들어!"

하며 장난도 많이 쳤었고, 지금도 그 귀여운 협박은 현재진행형이며 죽을 때까지 써 먹을 생각이다.

같은 해에 결혼한 영아는 경기도 성남에서, 난 경북 안동에서

멀리 떨어져 살고 있지만 영아는 자식들 출가시키고 남편이 퇴직하고 나면 내가 살고 있는 안동으로 내려와 내 옆에서 같이 살 거라 한다. 아마도 그때쯤엔 서로의 머리엔 희끗희끗한 서리가 목련꽃처럼 우아하게 내려 있을 테고, 두세 명 정도의 귀여운 손주를 본 호호 할머니가 되어 있을 것이다.

오늘처럼 봄볕이 따스한, 나와 같은 해 음력 2월에 태어난 영아는 매사에 꼼꼼하고, 사물을 폭넓게 보려고 하는 이해력과 자기 결정에 끝까지 책임지려 하는 완벽함이 있는 아이다. 그리고 불의에 맞서 당당히 자기 목소리를 낼 줄 아는 들꽃 같은 단단함이 있는 멋진 친구다. 다부진 성격이지만 웃는 모습은 가을 들판에 핀 코스모스처럼 해맑고 노란 후루지아꽃처럼 품고 있는 정이 아주 넘쳐 눈물도 많은 어여쁜 벗이다.

만약에 겨울 방학 중 소집일 날 교통 사고가 안 났었다면 나와 영아는 지금의 우정을 쌓지도 만들지도, 그리고 꿈꾸지도 못했을 것이다. 지천명을 넘어선 지금, 앞으로는 기를 쓰고 오르기보단 하나씩 정리하며, 하나씩 내려놓으며 가야 할 우리다.

때론 목련꽃처럼 당당한 삶의 전령사로, 그리고 후루지아꽃처럼 따스한 인간미가 넘치는 고운 벗과 함께 인생 후반을 함께 할 것이기에 석양빛이 서럽게 붉다 한들 우린 아름다운 인생 갈무리를 서로 보듬으며 맞이할 수 있을 것이다.

영아야. 가수 노사연이 부른 '바램' 이라는 노랫말처럼 우리도 늙어 가지 말고, 천천히 익어 가며 살자꾸나. 네가 있어 행복하고 너와 함께 할 수 있다는 꿈을 꿀 수 있어 너무 좋다.

사랑한다. 내 친구야.

2020. 봄

평범함의 미학

보통 '사차원' 이라고들 한다. 아님 '2퍼센트 부족' 이라 하든지. 한 가지 주제에서 결론은 서로가 다른 길로, 합의는 절대 볼 수 없으며 첫 대화의 포인트는 온데간데없이 삼천포로 빠진 마무리가 허다하다.

그리곤 '대체 무슨 얘기를 한 거지?' 하는 의문을 가지고 갸우뚱 고개를 젓기도 하면서

"그래 소통이 어려운 사람이구나."

라고 결론을 낸다. 그리곤 두 번 다시는 섞이려 하지 않을뿐더러 오고가는 인삿말 대신 그저 눈인사로 모든 걸 대신하기도 했다.

말을 무지 잘하는 것 하고, 절대적으로 일 원어치의 손해도 안 보려 하는 행동에는 상대방을 숨 막히게 하는 그 무엇이 분

명 있다.

꽃을 보니 너무 예뻐 감탄사를 토해 낸다. 물론 꽃들 치고 안 예쁜 꽃이 있으랴마는 부득 본인 눈에는 안 예쁘게 비추었나 보다.

"뭐가 예뻐. 진짜 예쁜 꽃을 못 봤나?"

이렇게 직설적으로 본인 생각과 주장으로 상대방의 말을 묻어버리는 건 무척 잘 못 된 일이며 가차없는 소통 불가다.

"그래그래. 그렇게 보일 수도 있지!"

하며 이해하며 물러선다면, 그 사람은 진정 군자일 것이다. 보통 사람들은

"그래? 난 예쁜데."

하며 쉽게 받아넘기는 경우도 있겠지만 감정이 상했다면

"뭐 저런 게 다 있어."

라든지

"넌 꼭 내가 하는 말을 삐딱하게 듣더라."

하며 심기 불편함을 드러내고 옥신각신 싫은 소리가 오고가고 그러다 정말이지 마음이 상하게 되는 것이다.

본인 생각 외엔 상대방이 들어설 틈이 없기에 대화가 절대적으로 성립될 수 없다. 시끄러운 논쟁으로 싸움이 날 게 뻔하다.

그럼 그런 사람은 일방적인 그 행동과 무심코 뱉어낸 단어들에 상대방이 스크래치당함을 이해 못 하는 아이러니가 있음도 진정 모른다.

누구를 설득시키는 것과 이해시키는 것처럼 힘든 게 또 있을까? 억지 주장과 타당성 없는 이야기라면 불가할 것이다. 하지만 우린 진실은 늘 통한다고 하지 않았던가. 그래 진실은 통함이 맞다. 허나 그것 또한 상대가 마음을 열었을 때 가능한 게 아닐까 싶다. 아직도 사무실에선 둘의 언쟁이 끝나지 않았다.

"그래서요? 그래서 김 대리가 하고 싶은 말이 뭔데요?"

"오해가 있다면 푸시라고요. 그리고 지금처럼 화내는 것도 상사로서의 횡포 아닌가요?"

다시 도돌이표다. 그리고 반복되는 억지소리에 다른 직원들도 짜증 섞인 한숨을 내쉬었다. 어쨌든 여긴 서열이 있는 직장이 아닌가. 부장에게 대들어서는 안 되는 것 아닌가? 그것도 다른 직원들이 다 보는 장소에서. 오해가 있다면 풀어야 함이 옳다. 상사라고 해서 무조건 지시형도 안 되는 것이 맞다. 누구의 편을 드는 것이 아니다. 소통이 안될 땐 그저 한 발 뒤로 가 보자는 것이다. 그 사람 사고는 단면인 것처럼 융통성이라곤 찾아볼 수도 없지 않은가. 그렇다고 오십 넘은 직원을 유치원생 다루듯 할 수도 없지 않은가.

답답함에 먼저 자리를 뜬 부장님의 어깨가 안스러워 보인다. 할 말을 했다는 듯 너무도 태연한 그 직원이 섬뜩 무섭기도 하다. 입사한지 이제 6개월 차인 내가 선불리 판단함이 좀 위험하기도 하겠지만 난 그 직원의 낭창함이 소름 돋도록 싫었다. 결코 다른 직원들과도 융합이 안 되어 늘 물과 기름으로 튕겨진 직원이었다.

퇴근 후 목욕탕 같이 가기로 약속한 딸이 회사 주차장 입구에 벌써부터 와서 기다리고 있었다.

"미안해. 좀 늦었지?"

"아니야. 괜찮아. 음악 듣고 있었어."

30분이나 기다린 딸은 투정이나 짜증 대신 따스한 배려의 말로 고단했던 하루의 피로를 씻어 주었다.

'그래그래. 이렇게 내가 먼저 사과하고, 내가 먼저 고마워하고, 내가 먼저 감사해 한다면 불신과 불통은 없지 않을까? 아니. 김 대리에게도 통할까? 진짜 통할 수 있을까?'

목욕을 마치면 딸아이가 좋아하는 순댓국밥을 먹으러 가야겠다. 새우젓 한 술 넣고, 잘 익은 깍두기 국물 한 술 풀어 시원하게 먹을 생각에 서둘러 출발하는데, 동짓달이 딸아이 차 꽁무니를 힘껏 밀어주듯 따라오고 있다.

2016. 어느 추운 겨울날에

그녀의 눈빛이 변할 때

늘 조용조용하게 옆에 있는 듯, 없는 듯, 그녀의 걸음걸이는 목욕탕 안에서도 까치발을 띠고 걸었기에 깡마른 몸매가 사뿐사뿐 날 듯 재발랐다. 달 목욕을 끊어 놓고 다니고 있는데, 오늘 그녀를 참으로 오랜만에 만났다. 나 또한 교대 근무를 하는 직장 생활과 시어머님 병간호로 한동안 자주 못 왔던 탓도 있었지만 말이다.

늘 그랬듯이 방수치마를 두르고 수건 석 장과 물병을 들고 찜질방으로 들어온 그녀에게

"안녕 오랜만이네."

하며 내가 먼저 인삿말을 건넸다.

"아 언니구나. 네."

반색을 하며 그녀 특유의 차분한 말투로 인사를 받아 준다. 잠시의 정적이 흘렀지만, 아니 난 그녀에게 예전에도 그랬지만 오

늘은 유독 피곤했던 탓에 조용히 쉬고 싶었기에 더 이상의 대화를 하지 않으려 눈을 감고 돌아누웠다.

깜빡 잠이 들 것 같은 몽롱함으로 쉬고 있는데, 옆에 누워 있던 그녀가 벌떡 일어나 앉으며 말을 붙였다.

"언니, 언니는 죽고 싶지 않아?"

밑도 끝도 없이, 앞뒤 서두도 없이, 뜬금없이 물어보는 소리에 난 황당하기도 했고, 좀 당황스럽기도 했다. 그리고 이어지는 그녀의 돌발 행동. 예상도 못 했던 광기어린 말투와 눈빛이 소름 돋도록 섬뜩하게 느껴졌고, 몽롱했던 머리가 새로 갈아 낀 30촉 전구마냥 번쩍 밝아짐을 느끼며 나 또한 그녀처럼 벌떡 일어나 앉아 있음을 느끼기엔 그리 긴 시간이 걸리진 않았다.

미처 무어라 대답을 하기도 전에 마구 쏟아낸 그녀의 과거에 있었던 기억들은 굉장히 비관적이었으며(일방적인 그녀만의 생각인 듯), 삶을 살기 싫게 만든 원인 제공의 내용이었으며, 그 불편한 심기가 결국엔 극단적인 자살로 이어지는 결론을 내고 있었다.

자살이라는 단어에 힘을 주며 이 극단적인 결정을 내리게 된 원인은 불신과 억눌림과 수치심과 적대심, 분노, 그에 따른 참을 수 없는 아픈 고통이라 했다. 살아온 지난날을 오로지 본인 편에서만 해석하는 그녀의 이야기를 죽 들으면서 내가 느낀 건

'그렇구나. 우울증이란 이런거구나, 정신 질환이란 이런 게 아닐까?'

하는 생각을 하기엔 크게 무리가 없었던 것 같다.

지난날의 억울하고 분하고 속상했던 일들을 하나씩 끄집어내면서 그녀는 울기도 참 많이 울었다. 그러나 말끝은 들으면 들을수록 단호했으며, 명백했고 힘이 들어 있었기에, 난 들어 주는 입장의 태도를 긍정적으로 표출하기 위해 바짝 긴장할 정도였다.

때마침 다른 사람이 찜질을 하고자 들어왔기에 그녀와의 대화는, 아니 지칠 줄 모르고 쏟아 내는 일방적인 그녀의 말이 잠시 중단되었고, 난 그 틈에 잠깐이나마 냉탕으로 가서 데워진 몸을 식힐 수 있었다.

으레 넘길 수 있는 말들이 상처로 남아 자신을 괴롭히고, 믿을 수 없는 사람으로 낙인찍히고 두 번 다신 부딪치고 싶지도, 같은 공간에서 숨조차 내 쉬는 것도 역겹다고 했다.

왜 그렇게 생각하니? 또는 오해하는 것 같은데, 라든가 왜 이해하려 안 하니? 뭐 이런 상대를 편드는 이야기는 감히 꺼내지도 못하게 그녀의 눈빛은 퍼렇게 날이 서 있었고, 감정을 이기지 못하면 그 날 선 눈에서 퍼런 물이 흐르는 듯해서 난 그저 차분히 들어주거나 고개 주억거려 주는 걸로 대신했다.

길었던 그녀의 삶 속 응어리가 짧은 시간에 대충 토해지고 나서야 예전에 오고가며 스쳤던 그녀의 눈빛으로 다시 돌아온 듯했기에 나도 모르게 난 그녀가 눈치채지 못하게 얕은 숨을 내쉬었다.

내가 섣불리 위로하면 동정한다고, 불쌍한 사람이라고, 손가락질 한다고 충분히 오해할 수 있기에 적절한 말을 끄집어내기가 무척 힘들었다.

"그랬구나. 참 많이 힘들었었구나."

그녀의 차분해진 눈빛을 보며 내가 이렇게 말하자 그녀는

"흑. 흑. 음… 음."

다 끝난 것 같았던 울음을 다시 터트렸다. 아랫입술을 꼭 깨물며

"언니 그렇게 말해 줘서 정말 고마워요. 정말 힘들었어요."

마르지 않는 샘처럼 그녀의 눈에선 가슴에 깊게 파 놓은 응어리진 곳에서부터 하염없이 눈물이 퍼 올려지고, 살이 없어 봉긋 솟은 광대뼈를 타고 끝없이 흘러 내렸다.

그런 것 같다. 자기만의 세상에 갇혀서, 그 누구와의 타협도 불허하고, 오로지 자신만이 옳다고 여기는 길로 걸어가고자 하는데, 주위의 시선이 날카로운 비수처럼 따갑고 아프게 느껴져 하루하루가 고통스럽다고 했다. 그렇다고 그녀가 믿는 자신만의 세상이 결코 도에 어긋나거나 남에게 피해를 주거나 그런 것은 절대 아니었지만 모르는 사람들은 그녀가 좀 이상하다고 느꼈고,

약간 미친 것은 아닌가 싶을 정도로 꺼려했으며, 나 또한 그러했음을 부인하고 싶진 않다.

상대를 이해한다는 건 뭘까? 난 우리 아이들에게도 끝임없이 이해하고, 배려하고, 그 입장되어 생각해 보라고 자주 타이르곤 했다.

모든 상황에 그 말이 진리인 것처럼 말이다. 그 말도 틀린 말은 아니지만 그보다 먼저 들어 주는 경청의 자세를 배우라 말하련다. 그리곤 상대를 먼저 이해하라 하기 전에 그 상황을 힘들게 겪었을 그 자신을 위해 먼저 토닥여 주는 마음을 나부터 보여 주어야겠다.

박수 소리가 크게 나는 이유는 일방적인 편도가 아닌 쌍방이 부딪쳐 나는 소리임을 먼저 알게 하고, 잘못했다고 다그치기에 앞서 너 또한 공공의 피해자였음을 다독여 주련다.

어느새 다 씻고 화장대 앞에서 드라이로 머리를 말리며 낮은 콧노래를 부르는 그녀를 보니 나도 모르게 입가에 미소가 지어졌다. 얼마나 사람이 그리웠으면 대면대면하던 내게 저렇게 깊은 말을 꺼냈을까? 생각하니 그녀의 작은 어깨가 한없이 더 작아 보였다. 슬그머니 바나나 우유를 하나 꺼내 드라이 하고 있는 그녀 앞에 놓으니 화들짝 놀래며 고맙다며 환하게 웃어 준다.

'이 친구 웃는 모습이 참 예쁘구나.'

그녀의 그 환한 웃음 띤 얼굴이 불신과 불만에 가득 차 경계하듯 굳어진 얼굴보다 더 예쁘기에 날마다 행복한 일들만 생기길 진심 빌어 본다.

2019. 늦가을 어느 날

한 걸음 뒤에서 바라볼 일이다

핑크빛 하트 모양일 거라 여겼던 내 마음이 꼬부랑 할머니의 굽어진 등처럼 휘어 버렸다. 섭섭함이 주는 감동의 파동은 처음엔 미세함으로 떨렸었기에 미련한 난 그 느낌조차 알아채지 못했었는데, 흰 눈 소복히 쌓이듯, 낙엽 채곡채곡 쌓이듯, 가랑비에 흠뻑 옷이 젖 듯 하더니 끝내는 돌아서 버릴 만큼 비틀어져 버렸다.

바래서 한 일은 아니지만, 듣고 싶던 공치사도 아니었건만, 몰라주는 그 마음도, 당연시되는 행동도 모든 것이 다 섭섭했고, 싫고, 나중엔 화까지 동반되니 당분간 마주침을 안 하는 것이 좋을 듯하다고 나 스스로 급처방을 내렸다.

이상도 하지. 사람의 마음은 천 길, 만 길이라 했지만 적어도 상대에 대한 내 마음만큼은 쉽사리 변하거나 퇴색되거나 변색

되지 않을 줄 알았는데, 백퍼센트 믿었던 상대에 대한 실망스러움을 느끼고 나니 걷잡을 수 없을 정도로 휘어지고 비틀어지지 않던가.

'맹점이다. 헛살았다. 참 못났다!' 하며 스스로를 돌아 봤었다. '문제가 뭘까? 미워하게 된 원인을 찾자. 그리고 이해하지 못한 부분에 대해선 반성하자!' 했었다. 그런데 참 요상도 하지. 이젠 그러고 싶지도 않다. 굳이 할 필요도 못 느낀다. 입에 발린 소리를 진심인 양 믿으며 살아온 시간이 억울했다. 북받친 감정이 좀 가라앉을 동안, 휘어지고 배배 꼬였던 마음들이 다시 어여쁜 핑크빛으로 물들어 예전의 하트 모양이 될 때까지 멀찍이 떨어져 있으련다.

왜 싸우냐고 물으니 아직은 사랑하기 때문이라고 하지 않았던가. 영영 잃고 싶지 않은 마음이요, 아직은 미운 감정도 정이라 느끼기에 한 발 물러서 보련다. 아주 작은 스크래치가 전염병처럼 번져 굴삭기로 후벼 판 깊고도 넓은 상처가 되기 전에 말이다.

굳게 닫혔던 베란다 창문을 활짝 열어 젖혔다. 겨울 햇살이 기다렸다는 듯 마구 쏟아져 가슴에 안긴다. 코 끝 시리게 하는 바람도 덤으로 와 안긴다. 이렇게 창문이 쉽사리 열리듯이 꽁꽁 언 내 마음의 창도 거침없이 열리도록 나 자신을 다독여 본다.

2019. 어느 겨울 날

표절

밑도 끝도 없이 본인의 힘들었던 시절을 이야기하는 그녀의 눈빛은 촉촉하게 젖어 있었고, 가만히 듣고 있던 나 또한 그 시절 힘들었던 그녀의 삶 속으로 빨려 들어가 듯 그녀의 이야기에 귀 기울이고 있음을 느끼기엔 그리 오랜 시간이 걸리지 않았다.

그 어떤 말들이 내 감수성을 건드렸던 걸까? 이제 겨우 두 번 봤을 그녀에게 난 주저 없이 내 시집을 주고 싶었고, 그러고 싶다고 얘기하니 그녀도 책을 좋아한다고 받기를 원하는 것 같아 다음날 출근길에 건네주었었다.

"졸시지만 주고 싶었네요."

하면서 몇 권을 더 챙겨 같은 사무실에 있는 몇몇 직원들에게도 전해 주었다.

내 시집책의 제목은《무궁화 꽃이 피었습니다》이다.

소설가 김진명 씨의《무궁화꽃이 피었습니다》소설책과 제목이 같다. 그녀는 아무런 생각 없이 자신의 아픈 과거를 밑도 끝도 없이 이야기한 것처럼 툭 내뱉는 말이

"아니 그 소설가를 표절했나?"

이러는 것이었다.

"네?"

순간 머리가 띵하면서 요즘 아이들 말로 '허걱' 이었다.

'그럼 세상에 널린 이름들도 다 표절이겠네.'

하고 말하고 싶었지만 어이없는 웃음으로 대신했다. 굳이 이해시키고 싶지도 않았다.

글을 쓰는 사람이라면 난 양심만은 절대로 팔아선 안 된다고 믿는다. 나 또한 나의 글을 도둑맞은 아팠던 기억이 있기에 그녀의 '표절' 이란 말에 명치가 아려 왔다.

그 해 가을날, 추석 명절을 지내고 얼마 안 지나 난 내가 가입된 카페 식구들을 초대해 저녁식사를 내 가게에서 대접해 드렸다. 이미 그 카페에 가입은 진작에 해 놓은 상태였고, 자영업으로 식당을 운영하기에 한 달에 한 번씩 있는 모임엔 결코 참석할 수 없었기에 반 년 정도를 얼굴 없는 회원으로 참여하다가 너무도 궁금해 하고 아껴 주시고, 매번 모임날엔 카페에 올린 나의 글을 프린트로 뽑아 공부하신다고 해서 오픈한 것이었다. 회원분들은 열대여섯 분 정도 되셨고, 작은 동아리지만 회장도, 부회장도 총무

도 있어 나름 체계적으로 이끌어가는 듯 보였었다.

안동에서의 첫 동아리 모임이라 받아들이는 내 마음 또한 무척 들뜨고 좋았었고, 늘 혼자서 글을 쓰고 하다가 이렇게 동아리 회원분들과 같이 공유하며 배울 수 있다 하니 자못 기대감도 무척 컸었다.

그렇게 좋아만 보였던 그 동아리의 회장이라는 사람이 내 글을 뽑아 단 한 줄도, 단 한 단어도 바꾸지 않고 원본 그대로 내 이름이 아닌, 본인의 이름으로 적어 어떤 문학지에 원고를 냈던 것이다. 어찌 그럴 수 있단 말인가. 그것도 문인 동아리의 회장이라는 사람이 말이다. 난 그 문학지 편집부에 전화를 걸어 따져 물었었다. 그쪽에서는 처음엔 나의 글이 맞는지를 증명해 보라 했었다. 어이가 없었지만 난 나의 글임을 증명하는데 결코 몇 분 걸리지 않음을 확인시켜 주었었다. 편집자는

"어떻게 해 주면 될까요?"

하고 그제서야 정중하게 물었었고, 난 이런 경우 어떻게 해야 되느냐고 반문했었다. 그쪽에선 자기네 문학지에선 제명을 시킨다고 하면서, 직접 찾아가서 사과하라고 연락을 하겠다고 했다. 참으로 억울하고 속상해 많이 울었었다. 그 통화를 끝내고 마음을 진정시키려 할 여유도 없이 그녀가 찾아왔다. 얼굴도 보기 싫고 마주하고 싶지도 않았지만 물어는 봐야 했다. 왜 그랬느냐고. 몰랐단다.

그것이 표절이라는 걸 정말 몰랐단다. 본인은 바빠서 딸 보고 대신 원고를 접수하라 했는데, 그렇게 됐다고. 그러더니

"내가 어떻게 해 주면 될까?"

하길래 이미 발행되어서 다 배포된 그 문학지를 다 거둬들이라면 그렇게 하겠느냐고 했다. 그랬더니 다시 말을 바꿔 글이 너무 좋아 알리고 싶었다고. 아주 뻔뻔스럽게 변명하는 그녀의 얼굴에선 결코 미안해하는 모습보다는 어떻게 들켰을까 하는 의아한 표정만 가득했던, 떠올리기 싫은 기억이 난다. 그런 일이 있은 그 다음 해 봄에 난 시인으로 등단을 했고, 그 해 여름엔 수필 등단도 했다. 그리고 시집도 내게 된 것이다.

"말이란 보이지 않는 창과 칼이 되어 상대를 찌르고 상처를 준다."

고 하지 않았던가. 그녀는 문외한 생각에 아무런 생각 없이 불쑥 내뱉은 말이었을 것이다. 아니 반대로 웬만한 책은 읽었어 라는 자신감에서 나온 말이었는지도 모르겠지만 '표절' 이라는 단어가 나에겐 너무도 큰 실망을 주었음을 그녀는 지금도 모를 것이다.

글을 쓰면서도 마찬가지다. 이왕이면 더 깨끗하고 맑고 밝은 단어로 때론 강하게, 그리고 때론 부드럽게 감동을 줄 수 있고 힘든 삶 속에 굳게 닫혔던 마음을 살포시 열 수 있는 그런 글을 쓰고 싶다.

베란다 창문 너머로 노을에 물든 하늘이 불그스름하게 보인다. 현관문을 나서 보니, 우수 지난 뒤끝이어서 그런지 향긋한 봄 내음이 어스름에 묻혀 훅 안겨 온다.

2020. 봄오는 길목에서

제4부

들꽃처럼

천사의 미소

밤새도록 가을비는 호된 몸서리를 쳐댔다. 모든 사물이 만신창이가 될 만큼 바람도 휘몰아 빗물을 흩뿌렸으며, 뻥 뚫린 듯 쏟아붓는 빗물은 어둠 속에서도 그 위협이 가히 대단하게 느껴졌다.

멈출 것 같지 않던 시간이 지나 새벽이 가까워지자 차츰 그 성냄은 잦아들었고, 출근하러 문 밖을 나설 땐 무슨 일이 있었냐는 듯 쌩한 얼굴로 하늘이 파랗게 웃고 있었다.

가을도 봄처녀 심술처럼 변덕이 심하다는 걸 잠 못 들고 뒤척인 빨갛게 충혈된 눈이 말해 주었다.

의료원으로 실습을 나온지 구일째다. 유방암 수술을 받고 항암치료와 방사선 치료를 6개월에 걸쳐 받았지만, 앞으로도 표적치료 과정이 1년이나 남았기에 그 동안 뭘 하면 좋을까 해서 내린 게 간호조무사 자격증 공부였다. 학원에선 내가 아직 치료 중인

환자라는 이유로 제일 한산한 영상의학과로 배치해 주는 배려를 해 주었고, 그런 관심 덕분에 정말이지 무료할 정도로 하는 일 없이 실습 시간을 보내고 있었다.

월요일인 어제도 한산했었기에 오늘도 뭐 그리 바쁠까 했는데 시온재단 장애인들 건강 검진이 잡혀 있어서 오전 시간은 종종걸음을 쳐야 했다.

재단 인솔자의 손길이 있어야만 움직이는 그들의 모습이, 비록 육체적으로도, 정신적으로도 정상이지 않았지만 얼굴 표정만큼은 밝아 보여 좋았다.

채혈을 하는 곳이 내가 있는 영상의학과 건너편에 있었고, 쉰 고개를 넘나드는 나이와는 상관없이 그들은 피를 뽑는다는 무서움과 주삿바늘의 따끔거리는 아픔에 높은 괴성을 계속 질러댔다. 미처 채혈을 위한 의자에 앉기도 전에, 팔에 고무밴딩을 하기도 전에 그들의 옥타브 괴성은 시작되었고, 알코올 솜으로 문지르고 작은 반창고를 지혈을 위해 붙여 주고 나서도 그 옥타브 괴성은 끝나지 않았다.

시설에 있는 장애인들은 가족들의 보살핌과 사랑과 혈육의 정에 굶주려 있기에, 스스로 보호하고자 하는 본능으로 쉽게 상대방을 믿으려 하지 않는다.

그들을 공포와 두려움에 소리치게 만든 건 자신을 해칠 것 같은 믿지 못하는 마음에서 비롯되어 있음을 알기에 그 옥타브 괴성이 검진 센터를 울려도 기분 언짢아지지 않았고, 되려 아프게 내 귓등을 때렸다.

흉부 사진을 찍으러 장소 이동을 하면서도 그 소리 지름은 계속되었다.

정신지체 2급인 마흔여덟 살인 그 남자의 뚫어져라 쳐다보는 시선을 애써 피하고 있는 나를 느끼면서 나 또한 '마음의 장애를 앓고 있구나.' 자각했다.

그들이 전염병으로 날 위협하는 것도 아니고, 그 온전치 못한 신체로 날 해칠 것도 아닌데, 더럭 겁부터 먹고 주춤하는 나였다니 분명 나 또한 선입견에 따른 불안감증이 있는 것이다.

그래도 다행스럽게

'뭐지? 어디 불편한 걸까?'

천천히 내 시선도 그 남자의 시선을 받으며 나도 모르게 웃어주었다. 표정이 딱딱하게 굳어 있던 그 남자는 고개를 좌우 방향으로 계속 흔들었고 상체에 비해 약한 새다리처럼 가느다란 두 다리는 쉼 없이 일정한 속도로 떨었다.

뒤틀린 손가락은 제멋대로 접었다 폈다 반복하면서 경계심으로 가득 찼던 그의 눈동자가 온화하게 풀리더니 그도 나처럼 웃어 주었다. 목젖이 보이도록 환하게. 그와 동시에 들쑥날쑥 고르지 못한 누런 치아가 보이면서 입가엔 고인 침이 주르륵 흘렀다. 환자를 케어할 마음의 준비가 있었긴 했나 보다. 그런 모습에 나 또한 따라 웃었으니 말이다.

순수함을 보여 준 웃음, 목젖이 보이도록 크게 웃어 주던 뒤틀린 얼굴. 한 단어를 뱉고자 줄줄 침을 흘리고 입술을 찌그러트려도 끝내 알아듣지 못하는 단어들. 그래도 이쪽에 대한 친절함에 고맙다고 힘들게 아주 힘들게 웃어 주려 하는 그 마음이 고맙다.

순간, 선입견에 의한 경계심을 품었던 내가 부끄러워지게 만든 나이를 잃어버린 그 순진한 표정이 바로 천사의 미소였음을 느꼈다. 인솔자의 손을 잡고 넘어질 듯, 둘레둘레 그 고운 웃음을 함박함박 뿌리면서 절룩, 뒤뚱이며 가는 뒷모습이 씩씩하고 무척 경쾌해 보였다.

통제되지 않는 육신으로 힘들게 하루 하루를 사는 그들이지만, 내면에 감춰진 순수함은 정상인들보다 깨끗할 것이라 느꼈다. 생면부지의 스치는 인연이었지만 그들만의 보금자리에서 마음만은 평온하길, 그래서 그 평화로운 웃음이 그들 얼굴에서 떠나질 않고 함께하길 소망해 본다.

나와 다르다는 이유로, 나와 틀리다는 이유로 마음에서 내몰기에 앞서 그들 또한 나와, 우리와 같은 인간임을, 그래서 존재만으로도 축복임을 깨닫는다면 섣부른 동정심보다는 아주 작은 배려와 이해심만으로도 우리 사회는 발전할 수 있으리라 생각했다.

점심 식사를 위해 구내식당으로 이동하던 중 올려다본 하늘가엔 어젯밤 억수로 내린 가을비가 무색하게 쨍한 푸름과 뭉게구름이 둥실 흐르고 있고, 의료원 주차장 벤치 옆 늙은 배롱나무가 가을빛 따사로움을 받아 환하게 웃어 주고 있다.

2018. 여름 끝자락에서

요양 시설 실습하던 날

어제까지만 해도 봄날이 무색하리만치 변덕 심한 기온으로 쌀쌀 맞아 웅크리게 하더니 오늘은 제법 기온이 올라 겉옷을 입고 나서야 할지 잠시 망설였다. 그래도 이른 아침이라 좀 차갑진 않을까 해서 바람막이 점퍼를 꺼내 입고 새벽부터 준비한 김밥과 쑥개떡을 싸서 아파트 앞 횡단보도로 내려갔다.

곧 도착한 조무사 동기에게 빨대 꽂은 커피우유를 건네며 차에 올랐다. 우린 작년부터 간호조무사 과정을 같이 공부했으며, 올 3월에 국가고시를 치렀고, 노력한 결과로 합격증도 같이 땄다. 그리고 이참에 요양 보호사 자격증도 딸 생각에 또 같이 공부를 시작했고, 오늘은 요양 시설로 첫 실습을 하러 가는 날이다.

동기의 시어머니께서 10여 년 전에 계셨던 효마을이라는 시설이었기에 이미 고인이 되신 시어머니 생각에 효마을로 가는 길이 그리 편하지만은 않았을 거란 생각이 들었다. 정이 참 많은 동기는 치매에 걸리신 시어머니를 8년 간 모시다 결국엔 시설로 모셨었고, 시설에서도 2년 정도 계시다가 돌아가셨다 했다.

벌써 돌아가신 지 10년이 다 되어 가지만 시어머니의 고운 웃음이 그립다고 말하며 촉촉해진 눈가를 슬쩍 훔치는 동기는 마음이 참 착한 며느리였나 보다.

오전 8시 40분경에 시설에 도착했다. 폐교된 초등학교 건물로, 한 건물은 어린이집으로 운영하고 있었으며, 다른 건물은 시설로 만들어 어르신들을 돌봐 드리고 있는 요양 시설이었다. 생각보다 많은 인원의 어르신이 계시진 않았다.

한 층을 반으로 나누어서 할머니와 할아버지를 구분지어 돌봐 드리고 계셨고, 바닥은 직원들조차 슬리퍼도 안 신을 만큼 깨끗하고 따스했으며, 무엇보다 확 트인 창문들이 많아 답답하지 않고 밝았으며, 햇살 또한 마음껏 들이쳐 더없이 포근하고 따스해 보였다.

일하시는 요양 보호사 선생님들도 너무 다정하고 따스한 모습으로, 불편하신 어르신들을 돌봐 드리는 모습에 존경심까지 느껴질 정도였다.

오늘은 목욕하는 날이라 했다. 앉아 계시거나 거동이 가능하신 어르신들은 요양 보호사 혼자서도 수월하게 씻겨 드릴 수 있었지만, 중증 어르신들은 두 명씩 붙어서도 힘들어 보였다. 욕창을 이론으로 배우기만 했지 눈으로 직접 본 것은 처음이었다. 등과 엉덩이와 어깨에 상상도 못할 크기의 욕창으로 오로지 아.. 아, 신음소리만 약하게 내실 뿐이었지만, 그 고통은 상상을 초월할 것이란 걸 멀찍이 떨어져 있어도 충분히 감지할 수 있음에 놀랐다.

자정이 다 되도록 잠을 못 이루다가 깜빡 잠이 들었나 보다. 팔이 아파서였는지 뒤척이다 잠이 깼고 시간은 새벽 한 시였다. 내겐 단 하루의 실습이었건만 좀 버거웠던 모양이다. 선하게 웃어주시던 어르신 얼굴이 떠올라 일어나 앉았다.

어르신들의 봄날도 창 밖 정원에 한 가득 핀 노란 민들레만큼 앞 다투어 피느라 치열했을 테고, 긴 겨울을 지나 투박한 땅을 뚫고 나오듯 질곡의 삶에 대한 열정과 끈기로 가득 찼을 지난날의 봄날이 분명 있었을 게다. 생각이 멈춘 어르신들의 그 자리에도 봄은 와 있을까? 아님 추운 겨울이 와 있을까? 이도저도 아니라면 창가에 스미는 따사로움이 봄볕임을 느끼실 수는 있을까?

이미 멈추어 버린 마음 한 켠엔 힘겹게 붙잡고 산 세월들이, 그리고 그 세월 속 아둥바둥 살았던 시절의 추억도 지워져 있을 것이다. 지금은 다 내려놓았던 세월을 노을진 언덕에서 다시 업고 터벅터벅 내려오시는 그 하루 하룻길을 버티시며 사는 어르신들의 등이 너무도 무거워 보였다.

실습 시간을 다 채우고 돌아서는 발걸음이 가볍지 못했음은 내일의 내 모습이 그들의 선한 눈동자에 스치듯 보였기 때문이리라.

시간을 잃어버리고, 자신을 잃어버린 어르신들 생각에 이 봄이 더 아름다운 봄이었으면 한다. 그 봄볕 한 줌이 어르신들 등을 따스하게 어루만질 수 있길 바라면서 더 찬란하게 오래도록 봄이 머물렀으면 한다.

2019. 따스한 봄날에

평범한 일상 속 행복

안동 장날이다. 나의 직장 출 · 퇴근길을 애들 아빠의 수고로움으로 오늘도 병원 앞에서 내렸다. 집에서 걸어서 15분 정도면 갈 수 있는 거리지만 남편은 귀찮을 뻔하건만 싫은 티 내색 없이 나의 출 · 퇴근길을 자가용으로 태워 주는 수고를 고수하고 있다.

출근시간이 새벽 6시 30분이기에 겨울엔 어둠이 걷히기 전일 테지만, 가을을 앞둔 8월이기에 훤하게 아침이 열려져 있다. 병원 앞은 횡단보도가 있고, 시장 입구로 연결되어 있어서 오고가는 통행인들이 많아, 상인들에겐 요지라고 할 수 있겠다. 이미 뻥튀기 아저씨 내외분은 난전을 다 벌려 놓고 담아 온 큰 박스들을 정리하고 계셨다.

연일 폭염으로 낮 기온은 상상을 뛰어넘기에 파라솔을 겹쳐 세워 최대한 그늘을 크고 넓게 만들고, 검은 차양을 타고 온 1톤 트럭과 파라솔에 묶어 빙 둘러 쳐 놓으면 앉을 공간도 생기고 잠시 누울 공간도 생긴다. 목도 축일 겸 가지고 온 파란색 아이스박스에서 밤새 얼려 놓았던 피티병에 담긴 얼음물을 꺼내 새벽녘 더위를 한가로이 식히고 계셨다. 곧 아침 첫차가 도착하면 크고 작은 보따리를 이고지고 오시는 꼬부랑 할머니들의 고단한 난전도 펼쳐지면서 본격적인 장이 설 것이다.

장날마다 보는 얼굴들이기에 가벼운 목례로 안부 인사를 대신 건네고 병원 입구쪽 엘리베이터를 눌렀다. 오늘은 두 번째로 같이 입사한 조무사 동기 은숙 쌤과 둘이서 조를 이뤄 근무하는 날이다. 시큼새큼 달콤한 자두 몇 알을 나눠 먹을 요량으로 작은 종이가방에 담아 들고 들어가는 내 발걸음이 가볍다. 직장 생활이 아무리 고단하고 힘들어도 마음 맞는 동기가 있다면 고단함보다는 즐거움이 넘치지 않겠는가.

매주 월요일은 일 주일 쓸 물품 정리로 오전 시간이 참 바쁘다. 그런 와중에 불시에 있을 병원 검증에 대비해서 각 병실마다 규정에 맞는 인원수의 환자를 새로 배치하라는 연락이 와서 병실마다 두세 명의 환자를 새로 단장한 아래층으로 내려 보내고 그 뒷정리를 하느라 온 종일 종종걸음을 쳐야 했다.

5년 전 요양 병원이 생길 때는 환자와 환자 간의 거리에 규정이 없었기에 새로 바뀐 법을 따르느라 요즘 병원 식구들 모두가 소방법과 의료법에 맞추느라 몇 달째 고치고, 비좁은 공간을 넓히느라 몸살을 앓고 있다.

조무사 동기인 은숙 쌤은 원숭이띠로 나랑 동갑이기도 하다. 차분하고 상냥한 성격도 이쁘지만 웃는 얼굴이 더 예쁜 친구다. 내가 힘들까 봐 같이 해야 할 일을 살짝살짝 해 놓는 우렁각시이기도 하다. 조무사 새내기로 서로가 짐이 아닌 힘이 되어 주고자 함이 친구의 얼굴에 쓰여져 있고, 그 마음이 또한 내 마음이기에 그저 고맙다.

장날의 난전은 구경거리가 다양하게 많아서 좋다. 퇴근길에 호박잎과 깻잎을 좀 사다가 강된장을 쪄 쌈 싸서 먹어야겠다. 오십 둘에 만났지만 중학교 사춘기 시절 친구보다도 더 끈끈하고, 더 살뜰하게 좋은 친구로 남고 싶음은 욕심이 아닐 것이다. 먹어도 먹어도 물리지 않는 된장의 구수함처럼 말이다.

2019. 유월 어느 날

그녀의 빈 침상

그랬다. 그런 허전함이 있을 줄은, 아예 없을 거란 생각은 안 했지만 이렇듯 칼로 베어내듯 따끔거리는 아픔으로 다가올 줄은 몰랐다. 그녀의 침상은 여느 때와 똑같은 자리에 있었다.

단지 그녀만 없을 뿐. 침을 흘리기에 하루에도 너댓 번씩 갈아주던 손수건만 침상 옆 상두대 위에 가지런히 놓여 있었을 뿐, 그 어떤 것에도 그녀에 대한 흔적은 없었다.

중환자실이 조용하다. 빈자리의 공허함은 울림 자체인 듯하다. 병실 한 켠에 있는 냉장고를 열어 보니 맨 윗 칸에 자리했던 그녀의 분홍빛 간식통은 이미 이름표가 떼어져 있었고, 깨끗이 씻겨져 다른 주인을 기다리고 있었다.

늘 앉아 있던 휠체어도 복도 한 켠에 접어진 채 덩그러니 무념으로 놓여 있었고, 그녀가 쓰다 남은 기저귀와 물티슈와 빨대가 달린 빨간색 물통과 때 묻어 회색으로 바래진 슬리퍼도 보이지 않았다. 철저하게 그녀는 가고 없었다. 재활을 할 수 있고 친정엄마가 살고 있는 아파트 건너편에 있다는 재활요양병원으로 간다고 했다.

하루 열두 시간을 같이 공유했던 그녀를 이젠 더 이상 볼 수 없다. 크게 간호사들과 조무사들을 힘들게 하진 않았다. 걸어 다닐 수는 있지만 그 뒤를 한 사람은 꼭 따라다녀 주어야 했기에 늘 그녀는 침대에 멍하니 누워 있거나, 또는 휠체어에 앉은 채로 그녀의 생각이 멈추어져 무념이듯이 무념무상 생활을 했었다.

순간순간 욱하는 기분이 생기는지 욕도 잘하고 사납게 노려도 보고, 주먹으로 때리기도 했지만, 한 번씩 크게 웃어 줄 땐 여지없이 예쁜 한 송이 장미꽃이었고, 다정한 이웃집 언니였다. 의사소통이 100퍼센트 이뤄지지 않기에 묻는 말에 돌아오는 대답은 늘 멍한 눈빛과 주르륵 흐르는 침뿐이었다.

엊그제 입추가 지났고 낼모레면 말복이다. 태풍이 두 개 정도는 더 올 거라고 했지만, 폭염은 대지를 녹일 듯 이글거리고 있다. 올라갈 만큼 올라간 기온이기에 이젠 내려올 일만 남지 않았을까? 이 뜨거움에도 가로수 배롱나무 꽃들은 더 성숙된 아름다움으로 팔월을 보내고 있다. 그녀의 해맑은 웃음소리가 귓등에 울림으로 남는 걸 보니 잔잔한 정이 흠뻑 들었던 모양이다.

아직 침대에 붙여 있던 그녀의 병상 일지를 떼어내면서 나 또한 그녀와의 이별을 받아들여야 했다. 그저 어느 병원으로 갔든지 그곳에서의 남은 생이 편안하길 기도해 본다.

2019. 팔월 어느 날에

내려놓는 것

어떤 경지에 도달해야, 아니 어떤 마음의 자세가 되어야 가던 걸음 멈출 수 있는 걸까? 떨어지지 않으려 꽉 붙든 손 놓을 수 있는 걸까? 놓치지 않으려고 움켜쥔 것들을 버릴 수 있는 걸까?

받아들인다는 건 모든 걸 다 내려놓고 비워야만 할 수 있을 것이다. 되돌릴 수 없는 과오를, 잘못된 선택을 인정하기도 힘드니, 죽음에 있어선 상상할 수도 없을 만큼 더욱 힘들 것이다.

중환자실로 처음 들어온 그녀도 그랬다. 감각을 잃은 오른쪽 팔과 두 다리에 대한 받아들임과 겨우 움직일 수 있는 왼팔에 대한 일어설 수 있을 것이란 생각으로 받아들이지 못하는 강한 부정으로 그녀는 힘들어했다. 한 달 넘게 악도 써 보고 울부짖기도 하던 그녀가 어느 날 밤부턴 잠도 잘 자고 미음도 한 수저씩 먹기 시작했다. 포기였을까? 아님 현실을 인정하고 담담히 받아들인

것일까? 재활을 하고 싶다는 말도 없고 그저 우리만 보면 기저귀 바꿔 달라, 다리 주물러 달라 하더니,

"언제 해 주나요?"

하며 우리 쪽 시간에 본인을 맞추기 시작한 것이다. 정신은 지극히 맑았기에 포기하고 단념하고 받아들이기엔 참으로 힘들었음을 느낄 수 있다. 더 이상 그녀는 삶이란 끈을 붙들진 않는 것 같다. 그저 하루하루 큰 고통 없이 죽음을 받아들인 것 같다. 아주 덤덤히. 지극히 차분하게 말이다.

삶이란 무엇일까? 공수래공수거라 하기도, 그저 한 점 바람이라고도 하지만, 어느 노 시인이 그랬듯이 스치는 바람 한 줄기 아니겠는가.

체념. 그리고 인정하는 것. 그 다음부턴 마음도 비워져 평안해질 것이고, 두려움도 슬픔도 없을 것이다. 그녀의 선택은 잔인할 만큼 옳았다. 그래 이젠 다른 꿈을 꾸어야 하는 것이다. 그녀는 이왕이면 날아 보고자 한 것 같다. 병으로 썩은 몸뚱이를 버리고 얼마 지나지 않아서 그녀는 한 마리 나비가 되었다. 얇디얇은 날개짓이지만 저 창공을 향해 힘껏 날아갈 것이다. 감기지 않은 그녀의 눈동자에서 푸른 8월의 창공이 푸르게푸르게 펼쳐져 있었다. 바람이 머무는 곳에서 그녀 또한 편안한 쉼을 하길 빈다.

2019. 뜨거운 팔월에

내 꺼야!

내가 다니는 요양병원의 중환자실엔 대부분의 어르신들이 육신을 전혀 못 움직이시며 초점 없는 눈만 깜빡이고 계시는 와상 상태의 환자분들이시다. 그런데 그 중에 두 분만이 말씀도 하실 수 있고 일어나 앉거나 걷기도 하실 수 있다.

파킨슨병과 심한 당뇨병을 앓고 계신 A 할머니는 늘 침상에서만 앉았다가 누웠다가를 반복하시며 생활하시는 분이시고, 또 다른 한 분은 중증 치매를 앓고 계시는 B라는 할머니로 다행히 아프신 곳도 없으시고 식사도 손 수 잘 드시고 여기지기 혼자서도 잘 걸어 다니신다.

오늘도 사단은 치매할머니의 우악스러운 손놀림으로 시작되었다.

"할매요. 왜 혼자 먹니껴? 날 좀 주소."

하시며 A 할머니가 드시고 계시던 단팥빵을 잽싸게 낚아채려 하셨다. 매번 잘 나눠 주시던 A 할머니도 이번엔 그러기가 싫으셨나 보다.

"안 돼. 저리가 이 못된 할망구야."

파킨슨병이기에 흥분하면 더 심하게 떨리는 몸짓으로 겨우겨우 단팥빵을 지켜내신다.

"왜 안 주니껴? 혼자 다 쳐 먹지 말고 내도 좀 줘 봐라 이 할매야."

"뭣이 어쩌구 저째? 저리 못 가? 가! 가!"

두 분 다 이가 없으시기에 발음이 불분명하지 않지만 역정을 내시는 뽐은 젊은 사람들보다 더 드세 보였다.

제법 큰소리가 나기에 돌아다보고 안 되겠다 싶어 말리러 발을 떼는 순간, 기어이 B 할머니는 단팥빵을 빼앗는 데 성공했고, 빵을 뺏긴 A 할머니의 악에 바친 소리에도 아랑곳없이 히죽히죽 웃으시는 얼굴엔 개선장군처럼 주름 깊게 패인 광대뼈가 승천하는 거였다.

"할매. 이리 줘요. 할매 꺼 아니잖아요. 주세요."

B 할머니의 고집을 꺾기엔 역부족임을 알면서도 난 중재에 나섰다. 예상은 적중했다.

"뭘 줘? 이건 내 꺼야."
하시며 말릴 틈도 없이 입에 쑤셔 넣으신다.
"야 이 거렁뱅이 할망구야. 야."

가을바람에 흔들리는 코스모스처럼, 아니 겨울 찬바람에 길 잃고 헤매는 갈대처럼 앙상하게 뼈만 남은, 심하게 흔들려 정확한 삿대질도 어려운 두 팔을 허공에 휘휘 내저으며 A 할머니는 고래고래 소리치시며 끝내는 섧게 우셨다.

"할매 미안해요."
라며 다가가 휴지를 뽑아 주며 새털처럼 가벼워 보이는, 한 줌도 안 되는 작은 어깨를 토닥여드릴 뿐 그 섧디섧은 생의 한 페이지를 위로라는 말로 채워드릴 순 없었다.

아마 그날도 찬바람이 심술궂게 불던, 겨울 방학을 한 주 정도 남겨둔 겨울 초입이었던 것 같다. 이순신 동상이 큰 칼을 차고 씩씩하게 학교 교정을 지키고, 백 년도 더 넘은 키 작은 향나무가 학교의 전통을 뒷받침해 주 듯 이순신 동상 양 옆을 받쳐 주고 있는 계단 앞에서 우리 반 반장이던 철민이와 그 여동생이 등교하고 있었다.
"영아야. 이 빵 반 잘라 줄 테니깐 수업 끝나면 오빠 끝날 때까지 여기 앉아서 기다리면서 먹어. 알았지?"

"싫어. 다 줘 오빠. 응?"

철민인 할 수 없다는 듯이 이미 잘라놓은 반쪽을 다시 또 반으로 잘라 동생 손에 쥐어 주고는

"그럼. 이만큼 더 줄게. 됐지? 어서 교실 들어가. 오빠도 교실 들어가야 돼."

"치이. 오빠도 끝나면 빨리 와야 돼."

하며 동생 영아는 양 손에 빵을 쥐고 교실을 향해 뛰어갔다. 뒤 이어 철민이도 동생 교실과는 반대 방향으로 겨우 한 입밖에 안 남은 빵을 가방에 넣으면서 잽싸게 걸음을 옮기는 거였다. 초등학교 4학년과 1학년의 오누이 모습이 어린 내 눈에도 그지없이 정겨워 보였기에 아직도 난 소보로빵이나 단팥빵을 보면 어릴 적 철민이의 모습을 떠올리곤 했었다.

A 할머니와 B 할머니가 이제 얼마 안 남은 생의 마지막 친구이자 친자매처럼 의지하며 병실 생활을 할 수 있다면 얼마나 좋을까. 치매만 아니라면 더없이 좋았을 텐데. 하필 먹는 치매라니.

"옛날에 한량은 활을 잘 쏘고,
지금의 한량은 돈 잘 쓴다.
돈도 싫어 황금도 싫어
화통한 남아가 제일 좋다."

민요도 아닌 구성진 B 노인의 애창곡 18번이 병실을 화끈하게

달궈 놓으니 A 할머니도 금세 잊으신 건지, 철없이 군 행동이 부끄러우셨는지. 헤벌쭉 합죽이 웃음을 수줍게 웃으시며 떨리는 두 손으로 박수를 보태고 계셨다. 이 눈물 나는 정겨움 덕분에 올 겨울도 그리 춥지만은 않을 듯하다.

2019. 겨울 어느 날에

어느 요양원에 내린 가을 볕

뻣뻣하게 굳어진 그녀의 한쪽으로 돌려진 얼굴엔 봄도 아니건만 검은색 꽃들이, 남편이 있었을 테지만 변변한 꽃다발을 못 받아서 한이 되어 핀 꽃들이, 아님 저승 갈 때 상여에 꽂으려 핀 꽃들인지 얼굴 가득 만개해 있었고, 움푹 패인 눈두덩이 속엔 오로지 보고픈 그림자들만이 이름만 호명하면 금방이라도 튀어 나올 듯 엉켜 있었다.

눈두덩이보다 더 깊이 패인 볼엔 그녀가 살아온 삶의 조각들이, 펴내고 펴내도 다 못 펴낼 천 층 만 층 구만 층의 굴곡진 삶으로 가득 차 있었으며, 앙상하게 튀어나온 광대뼈가 그 고단함과 힘겨움을 겨우 받쳐 주고 있었다.

작년 추석 때 딸이 사다 준 분홍색 스웨터가 마른 낙엽처럼 말라 버린 작은 체구를 헐렁하게 덮어 주고 있었다. 한 줌도 안 되어 보이는 어깨가 가늘게 떨고 있음은 가을 늦바람의 쌀쌀함으로 추워서 그런 건지, 스웨터 분홍빛 색상이, 푸름을 걷어 간 낙엽처럼 빛바래 보여서 그런 건지 볼 때마다 싸하도록 애잔한 마음을 지울 수 없었다. 어쩌면 꼬박 일 년이 넘도록 못 본 딸자식이 그리워 그 그리움에 어깨가 먼저 떨고 있었던 건 아닐까 하고 짐작만 해 본다.

흘러내린 흰 머리카락이 눈을 찔러 따끔거릴텐데도 그저 푹 꺼진 눈가죽만 껌뻑껌뻑일 뿐, 쌕쌕 숨가쁜 소리와 째깍째깍 시계침 돌아가는 소리만 고요한 병실의 정막을 깨우고 있었다.

돌아누울 기력조차 없는 살가죽만 남아 핏줄이 툭 불거져 나온 팔이 창문 너머로 보이는 낙엽 진 모과나무 가지보다 더 가늘어 보인다. 어디 쯤 오고 있을까? 더 기다릴 기력이 없음을 풀어진 눈동자가 말해 주고 있었다. 분명 어제 아침에 그녀의 상태를 알리는 연락을 해 놨건만, 그토록 그리고 그리던 그리움인 딸자식은 해가 져 스멀스멀 어둠이 깔리고 있어도 아직 도착하지 않았다.

얼마나 더 버틸 수 있을까? 모과나무 가지가 바람에 흔들렸다. 그토록 푸르던 잎들이 다 떨어져 앙상하게 남은 가지가 따갑게 내리쬐는 가을 볕조차 이젠 버겁다는 듯, 툭툭 털어 내고 있는 것처럼 보였다.

잠시 잠깐 동공이 흔들리는 것 같더니 외로 돌려진 얼굴이 순간 떨림으로 젖혀지고 볼에 가득 채웠던 한없이 보고픈 딸자식에 대한 그리움과 천 층 만 층 구만 층이었던 그녀의 굴곡졌던 삶들이 뒤섞여 풀어진 동공 속에서 와르르 쏟아져 내렸다. 올 가을 단풍은 잔인하리만치 붉어도 너무 붉었다. 그리움의 애닯음과 고단했던 삶의 조각들이 붉디붉은 단풍처럼 물들어 하나 둘 소리 없이 쌓이기 시작했다.

그 어떤 외마디도 없이, 고인 침 떨어지는 소리도 없이, 그렇게 보고팠던 딸자식 얼굴을 검은 눈동자에 새긴 체 그녀의 눈꺼풀이 천천히 감겼다. 가늘게 내뱉던 숨소리도 반쯤 벌려진 입안을 서성이는 듯 하더니 그대로 멈췄다. 심장박동기가 그와 동시에 삐 하는 소음을 내면서 수평선을 그리기 시작했으며, 그 수평선의 의미는 이승과 저승의 경계선을 확연히 구분시켜 주었다.

병실에 남은 다섯 명의 할멈들은 친구의 마지막을 느끼고 있었을까? 웃음을 잃어 버렸듯이 이미 말라 버린 눈물을 삼키긴 했을까? 아니면 곧 따라갈 그녀들이기에 하루 먼저 간 친구가 어쩌면 훨훨 날고 있을지 모른다는 부러움을 느꼈을지도 모르겠다.

침상은 곧 비워졌다.

짧지 않은 긴 시간을 같이 했기에 다른 분들보다 더 많이 남아 있는 그녀의 잔상을 지우기 위해 난 단풍이 물들어 고운 가을을 쓸쓸하고, 우울하게 몇 해를 보내야 할 것 같다. 예쁜 치매가 왔기에 늘 새색시처럼 다소곳이 앉아 빙그레 웃기만 했던 그녀. 비가 오면 비가 와서 좋다고 해맑게 웃어 주고, 눈이 오면 하얀 눈송이가 꽃처럼 곱다고 따스이 웃어 주고, 꽃이 피면 그 어떤 꽃이든 다 예쁘다고 환하게 웃어 주던 그녀다.

어둠이 완전히 내려 가로등이 병원 앞을 힘없이 비춰 주고 있을 때, 자동차 헤드라이트를 켠 채 들어서는 자가용이 있었고, 곧 그녀의 딸이 허둥지둥 내리는 모습이 보인다. 늦지 않길 바라면서, 왜 진작 오지 못했었나 자책하면서, 지금껏 그랬듯이 마지막 가는 길이기에 꼭 기다리고 계실거라는 단단한 믿음을 내세우고 벌써부터 흐느끼는 울음을 삼키며 그녀의 딸은 올 가을에 입으시라고 앙고라로 뜬 빨간색 스웨터를 가슴에 꼭 안고 이미 비워진 빈 침상을 향해 엎어질 듯 뛰어오고 있었다.

어쩌면 이 가을이 다 가기 전에 난 그녀를 잊기 위한 몸부림을 접고 훨훨 날으니 너무 좋아서 분명 지금도 웃고 있을 그녀 생각에 애틋한 그리움으로 그녀가 남기고 간 빛바랜 삶을 한 장 한 장 가을 볕에 말리고 있을지도 모르겠다.

2017. 시월 어느 날

겨울이 시작되던 날

늦가을 포근했던 햇살이 새벽에 내린 찬서리에 기온도 급격히 떨어지고 잠잠하던 바람마저 불어 채 물들지 못한 은행잎을 뒹굴게 만들던 날, 그녀가 쉰 살이 넘어 보이는 딸을 앞세워 신환으로 들어왔다. 무척 왜소한 체격에 흰 눈이 소복히 내린 백발과 굵직굵직한 주름 사이로 꼬장꼬장한 고집이 잔뜩 들어앉은 얼굴을 좀 순하게 보이기 위해선지 둥근 철테 안경을 쓰셨고, 안경 너머로 유독 새까맣게 보이는 눈동자가 무척 차갑다라는 느낌을 주는 그녀였다.

그랬다. 풍기는 인상이나 말투가 좀 힘들겠구나 했는데, 여지없이 그 느낌은 빗나가지 않았다.

"어이 이리 좀 와 봐. 날 좀 잡아 줘."

대부분의 어르신들은 간호사 선생님, 또는 그냥 선생님 하고 부르시는데, 대뜸 반말로 카랑카랑한 목소리로 부르신다.

"왜 그러셔요? 할머니 침대에서 내려오시면 안 됩니다. 올라가세요."

지나가던 요양보호사가 이미 몸의 반이 침대 밑으로 내려온 할머니를 보고 놀라 뛰어간다. 그리곤 다시 침대 위로 올려 드리려고 하자,

"놔라. 화장실 데려다 줘."

하며 버럭 고함을 치신다.

"할머니. 지금 이렇게 움직이거나 침대에서 내려오시면 안 된다고 했잖아요. 소변은 기저귀 채워드렸으니 걱정하지 마시고 그냥 누셔요."

어르고 달래도 잠시 잠깐 돌아온 할머니의 맨 정신을 누가 당할 수 있을까? 낯선 병실에서 낯선 선생님의 도움 아래 하의가 벗겨지고 기저귀를 찬다는 이 기막힌 현실을 할머님께서는 받아들일 잠시의 여유도 없이 병원에 남겨진 것이다.

"놔라. 바지 입혀라. 너가 뭔데 내게 이러는 거냐? 이 나쁜 년들아."

고래고래 악을 쓴다. 가죽만 붙어 나무젓가락 같은 두 팔을 휘두르며 삿대질도 했다가 주먹으로 치다가 세상에 알려진 욕이란 욕들을 죄다 읊어 대다가, 후우, 몇 번의 숨을 쉬시다가 다시 병실

이 떠나가도록 소리를 질러댔다.

어쩌겠는가. 이미 그녀는 요양병원에 맡겨진 것을. 감각을 잃은 두 다리도 섧은데, 버려졌다는 외로움에 더욱 치를 떨어야 하는 그녀가 글쎄 며칠을 버틸 수 있을까 싶다.

평소 그녀의 삶은 탄탄대로였을 것이고, 그 누구에게도 아쉬운 소리 한 번 해 본 적 없이 오히려 거느리고 살았던 것 같다. 부가 있어 대접을 받고 팔십 평생을 사셨을 텐데 예고 없이 찾아온 치매와 파킨슨병은 그녀를 끝내 요양병원으로 데려오게 만들었다.

며칠이 지나야 내려놓을 수 있을까? 어쩌면 생을 마감할 때까지 집으론 돌아갈 수 없을지도 모른다. 낯선 이 병원에서 모든 걸 다 내려놓고 고분고분 받아들이려면 최소한 두세 달은 걸릴 듯 보였다.

바람이 분다. 곧 연말이고 거리마다 성탄을 축하하는 트리에도 불이 켜질 것이다. 이미 푸름을 벗고 노을빛으로 곱게 물든 단풍도 낙엽이라는 이름으로 거리에 뒹굴 것이고, 때맞추어 바람도 심술궂게 불어올 테고 뽀얀 눈도 펑펑 내릴 것이다.

끝까지 함께 모시고 평생을 살면 더없이 좋으련만 지금의 우리 현실은 그렇지 못하다보니 사랑하고 존경하는 부모님을 병원에 맡기는 것이 아니겠는가. 이젠 노인들 또한 인식이 많이 달라지셔서 당연한 것이라 받아들이고 계시지만 그래도 아직까지는 요양병원으로 가서 생을 마감해야 한다는 것이 그리 편하진 않으실 것이다.

새벽에 라운딩을 도니 약 기운 탓인지 그녀는 쌔근쌔근 얕은 코를 골면서 평온하게 잠들어 있었다. 곤한 잠이 깨지 않도록 조심스레 그녀의 발 밑에 구겨져 있던 시트를 당겨 가슴까지 덮어 주면서 좀 버겁더라도 낯선 병원생활에 빨리 적응하시길 바래 보았다.

이제 그녀의 봄날은 저물었다. 쌩 불어오는 바람을 앞세워 겨울이 시작된 지금, 난 우윳빛 부드러운 눈이 몇 번쯤은 내려 주길 바라면서 후딱 이 겨울이 지나가길 바랄 것이다. 모진 시련을 이겨 내고 붉디붉은 꽃망울을 피우는 동백꽃이 피고지는 봄을, 이미 그녀에게는 돌아가지 못할 봄이겠지만 그래도 산수유 노란빛과 개나리 진노랑빛이 진달래 분홍빛과 화사하게 웃어 주는 봄은 잊지 않고 다시 온다는 사실을 그녀와 같은 마음으로 기다려 볼 생각이다.

2019. 11월 어느 날

정기 검진

아무 이상 없으면 천만다행이겠지. 그랬으면 좋겠다. 이젠 더 아프고 싶지 않다. 2년 6개월의 뼈아픈 시간을 더 이상 반복하는 걸음은 하기 싫다. 방사선 치료를 하면서, 표적항암주사를 맞으면서 꼬박 1년 간을 야간엔 학원을 다니며 공부를 했고, 뜨겁던 여름 두 달 동안은 의료원에서 힘들게 실습하면서 간호조무사 자격증을 취득했다.

그리고 요양병원이라는 곳에서 간호조무사로 당당히 새롭게 시작한 제2의 인생길을 그저 평탄하게, 지극히 평범한 직장 생활을 하면서 그리고 시간이 흘러 두 딸아이의 결혼도 지켜보면서 나만 바라보는 든든한 남편과 욕심 없이 남은 생을 지내고 싶다.

순간순간 엄습해 오는 두려움이 너무도 무겁다. 그도 그럴 것이 정기 검진을 하고 재검을 받으라는 통보를 받고 다시 받을 검진이었기에기 때문이다. 그럭저럭 잘 참고 모르는 척 일 주일을 지냈는데, 막상 내일 검사 결과를 통보받는다고 하니 진지할 만큼 가슴이 떨린다. 어떻게 할까? 만약 전이가 된 거라면, 아니면 새로운 암 덩어리라면, 무섭다.

만약 검사 결과가 생각처럼 그렇다고 한다면 그럼 그 다음엔 어떻게 해야 하는 걸까? 치료를 새로 받는 걸까? 또다시 처음부터 시작해야 하는 걸까? 진저리치는 고통 그 자체인 항암치료를 다시 받을 생각에 들숨, 날숨의 교차가 멎어 버리는 것 같다.

어젯밤 잠자리는 무척 불편했다. 양 날갯죽지를 기준으로 목 밑에서 허리 위쪽이 돌덩이를 매달아 놓은 것처럼 묵직한 것이 어찌 보면 담이 온 것도 같은 불편함에 뒤척이며 새벽을 맞았다. 삼십 분 정도 더 누워 있어도 되건만 그냥 일어나 욕실로 가서 따뜻한 온수로 샤워를 했다. 일어나서 움직이면 그 묵직함을 다행히도 잊게 된다. 등쪽에 혹을 하나 매단 기분으로 천천히 병원 근무복으로 갈아입고 출근 준비를 했다. 식구들 모두가 내일 통보받을 결과에 대해서 너무도 민감하게 긴장하고 있음이 잠든 얼굴에 고스란히 쓰여 있는 것 같아 진심 미안하고 아프도록 슬프기도 한 새벽이다.

쉼이 필요하고 늦잠을 자도 좋을 일요일이건만 남편은 알람시

계의 울림과 동시에 벌떡 일어나 내 걸음으로 걸어서 15분 거리에 있는 요양병원엘 하루도 안 빠지고 출근과 퇴근을 시켜 주고 있다. 새벽 6시 23분경 병원 도착과 함께 등줄기 아픔에 대한 느낌도 멀찍이 밀어 내고, 결과에 대한 불안함도 떨쳐 내 보려고 종종거리며 일을 시작했다. 평소보다 더 커진 목소리와 행동에 스스로 깜짝 놀라기도 하면서 잠시 의자에 앉는 것도 싫어 병실마다 돌아다니며 환자들과 시간을 보냈다.

죽음을 기다리는 환우들, 다행이라고 할까? 그들은 의식 또한 깊은 잠 속에 들어 있기에 죽음에 대한 두려움과 공포를 느끼지 못하고 계신다. 하지만 죽음에 이를 때까지도 청각 기능이 제일 늦게 소멸하기에 그래도 조무사들은 기저귀를 갈아 채울 때도, 구강케어를 할 때도, 경관을 드릴 때도 한 마디씩 꼭 건네고 있다.

"인간은 누구나 한 번 왔다가 한 번 간다."
고 하지만 오는 순번이 있듯이 가는 순번도 있다면 좋으련만, 아니 결코 좋진 않겠지만서도 죽음의 길 또한 자유로 정할 수 없음이 안타깝다. 나는 어쩔 것인가! 대범하게 받아들일 수 있을까? 하나씩 정리를 하긴 할까? 무엇부터 하면 될까? 인간관계, 옷장정리, 그릇정리, 은행정리, 쓰고 싶었던 글마저 쓰기? 남편과 아이들과의 여행? 어쩌면 허둥지둥 시간만 허비하진 않을까? 두려운 나머지 멍한 채로 병마와 싸워 볼 생각도 안 하고 있진 않을까? 믿을 수 없다고, 억울하다고, 끝까지 타협하지 않겠다고 완강히 저항하고 있진 않을까?

그래그래 정말 무섭다. 그리고 두렵다. 무엇을 먼저 해야 할지 도통 감이 안 온다. 암이란 존재가 소름 돋도록 무섭다. 청명했던 하늘에 한바탕 소낙비가 내리려 검은 구름 잔뜩 끼듯이 내 마음엔 시커먼 우울과 어디로 튈지 모르는 걱정이 한 가득이다. 시간 지나 시원하게 소낙비가 내리고 두텁던 먹구름이 물러가면 햇살에 비친 물방울이 고운 무지개를 띄우듯이 이 근심과 걱정이 내일 알게 될 결과에 따라 나 또한 곱디고운 무지개빛이 되길 기도해 본다.

그래그래. 받아들이자. 아니라면 좋겠지만 맞다면 그래그래 받아들이자. 처음처럼 다시 치료방법을 알아보고 정말로 또다시 암이 찾아온다면 정말이지 처음처럼 다시 싸워 보자. 다소 긴 시간이 걸릴지라도 한 번 했는데 두 번은 못하겠는가? 그래그래 받아들이자. 꽃이 예뻐 멈추었던 발걸음도 이젠 거두어 보자. 붙잡고 매달리지 말고 보내 줘야 그 화려했던 꽃도 바람과 비를 맞으며 시간 지나고 나면 튼실한 열매로 맺어져 또다시 가는 걸음 붙잡지 않겠는가?

자연이 주는 의미는 무궁무진하다. 그 중에서도 오고가는 계절 속에 절대로 놓쳐선 안 되는 것이 난 순응이라 본다. 그래 받아들이는 마음으로 내일을 기다려 보자. 그렇게 길었던 하루도 저물고 있다. 퇴근 시간 맞추어 남편도 와 있을 것이다. 덤덤한 마음이지만 좀더 환한 얼굴로 두 딸들과 결코 우울하지 않고, 무겁지 않게, 된장찌개를 보글보글 끓이고, 고등어자반을 꺼내 감자와 무를 두텁게 썰어 깔고 짭쪼름하게 조려 맛난 저녁 식사를 해야겠다.

엊그제 지난 처서 때문일까? 극성맞게 울어 주던 매미 소리도 잠잠하고, 뺨을 스치는 바람결도 한층 시원해졌다. 가라 해서 여름이 가지 않았듯이, 오라 해서 오지 않은 가을이 이미 코앞에 와 있다.

2019. 가을이 시작되는 날에

제5부

아쉬운 길목에서

마음 한 켠에
꼬깃꼬깃 접어 둔
쓴소리,
그리고 나
'함께 할 수 있음이 진정 행복입니다~~!'

1

준비~~ 땅! 하는 소리에 맞쳐 우르르르 출발점을 쏜살같이 뛰쳐 나갑니다.
물론 옆 선수를 눈여겨볼 틈도 없이
오로지 앞만을 향해서 뜁니다.
모두가 최선을 다했지만 한 발, 한 뼘의 차이로
순위는 판가름 나지요.

세상에 일등만 잘하는 건 아니지요.
순위권 안에 들지 못함으로 오는 좌절감과 실망감이 넘쳐
때로는 자괴감으로 이어짐을 아시는지요.

일등만을, 최고만을, 성공만을 추구하는 삶만을 가르치기 전에
과정에 있어서는 정해진 룰을 충실히 지킬 수 있고
실패 또한 당당히 인정할 수 있고
남 탓이 아닌 자신의 허물을 먼저 볼 수 있는
올바른 인성을 제일 우선으로 가르칠 순 없는 건지요.

지금 그 자리에서 최선을 다하는 당신이
이 세상 누구보다 최고로 멋집니다.

좀 뒤쳐지더라도, 좀 넘어지더라도,

꼭 일등이 아니어도

행복을 느낄 수 있는 그런 나날이길 소망합니다.

2

헤어져 돌아 선 발걸음이 멈추고
아쉬움에 뒤돌아 한 번 더 손 흔들어 주고픈 사람

약속도 없이 마주쳤기에 더 반갑고
짧은 만남 붙들어 뭐라도 주고 싶어서
주머니 뒤적거려 꺼낸 손때 묻은 잔잔한 정(情)

꾸밈이 없어 듣기 좋은 말 한 마디,
흘리듯 마음에 새겨준 선한 웃음 한 조각,
덥석 잡아 준 손에서 느껴지는 따스함,
가식이 없고 때묻지 않은 널 닮은 순수함.
네 벗이랍니다.

보고도 아쉽고, 못 보면 애틋한 정이 두 배로 쌓이는
마음 편안함이 있는 나의 벗
바로 당신입니다.

3

밤하늘에 떠 있는 것이 어디 달과 별뿐일까요?
달 뒤에 숨어 있는 구름도 있을 테고
별 뒤에 숨어 있는 바람도 있을 테고
까맣게 덮어 놓은 먹먹한 그리움도 있음이지요.

달을 보면서 그 환한 미소에 말없이 고개 주억거릴 수도 있고
별을 보면서 그 반짝이는 미소에 따스함을 받을 수도 있을 테고
까만 먹장 그리움을 붙들고 보고 싶어 잠들지 못하는 사연도
중얼중얼 할 수도 있겠지요.

대상이 무엇이 되었든
마음을 터놓고
꼬깃꼬깃 접어 둔 속마음 몽땅 들쳐 내 보일 수 있음은
진정 행복이라 하렵니다.
보는 시각과 받아들이는 시선이
다 다름으로 빚어진 오해와 갈등이 쌓고 쌓였다면,
힘겹게 담아 두지 마시고
바람이든 구름이든 한 번 털어 보세요.
보이는 모든 것이 다 진실은 아님을 이젠 앎이니까요.

4

선한 끝엔 선함이 남아 마음을 따스하게 만들어 줍니다.
선한 마음으로 행하였건만 되려 꼬여 버려 선함이 아닌 미움으로
비추어졌다면 그건 받아들인 상대방이 잘못된 걸까요?
아님 선함을 준 이쪽이 잘못되었던 걸까요?

선의의 배품이 잘못 배달되어 상처가 되고, 아픔이 되었다면
그건 전달 방법이 틀렸음이고
사심이 없었다고 할 수도 없을 겁니다.

과유불급이라 하잖아요.
넘쳐서 좋은 건 이 세상엔 아무것도 없습니다.
너무 좋아해서, 지나치게 너무 배려해서도 아니지요.
그 마음 반만 접으셔요.
좋아하고 사랑한다면 그냥 지켜 주셔요.

한 발짝 뒤에서 마음껏 응원하시고
한 발짝 뒤에서 원없이 존경하시고
한 발짝 뒤에서 모르게 기도하시고
한 발짝 뒤에서 고개 주억거리며

참 미소 지을 수 있는 그런 나이길,

그리고 우리이고 당신이길 원합니다.

아시죠? 당신이 있기에 내가 있음입니다.

5

지극히 간단한 것이고 평범한 진리인 것을 가끔은 잊은 체
복잡한 마음이 들 때가 있음입니다.

아주 간단한 것이고 짧은 순간임을 알면서도
행할까 말까 고민을 하는 겁니다.

예쁘면 예쁘다고 인정하고, 못나면 못남을 받아들이고.
실수를 하면 잘못을 숙지해 진심으로 머리 숙여 사과하고,
고집스레 부득부득 밀어붙이지 말고
상대방이 왜 아니라고 반기를 드는지
주위의 조언도 들어 주면 좋겠습니다.

잘난 사람이 어쩜 그리도 많은지요.
훌륭한 사람도 차고 넘칩니다.
문제는 스스로 독존이 되어선 안 된다는 겁니다.
받아들이는 마음이 앞, 뒤 잴 없이 맑았으면 하고
보여 주는 마음 또한 투명한 유리알이길 바래 봅니다.

평범함이, 사소함이, 무난한 일상이 진정한 행복임을
우린 이미 알고 있으니까요.

6

성급하게 먹다 보면 급체를 하게 되고,
욕심부려 너무 많이 먹다 보면 과부하가 걸리고,
과욕으로 손을 뻗다 보면 낙상하기 십상이고,
등 떠민다고 모른 척 차지한다고 다 내 자리가 될 순 없는 겁니다.

분별력이 자꾸만 없어집니다.
같이 해서 좋고 함께 해서 너무 좋지만
편가르기 만큼은 절대로 하지 말았으면 합니다.

미워하고 시기하고 등 돌렸다 해도
근본이 되는 그 마음만 믿어 준다면 충분히 이해할 수 있음이고
그 자리에서 한 발만 물러선다면
타협 또한 어렵지 않게 할 수 있다고 봅니다.
시간이 지나 겨울 가고 봄이 오듯이
우리들 마음 또한 따스함만 가득하길 소원해 봅니다.

7

"요 녀석들 키가 많이 컸네. 창가로 스미는 햇살이 너무 따스했나 봐!"

하며 딸아이가 베란다에 있는 화초에 물을 주며 정겹게 이야기합니다.

무심히 방치해 둔 화초들이
혹여 말라 버리진 않았을까 하는 생각에
서둘러 양껏 물을 주더니
다행히도 무탈하게 크고 있음에 안도하는 듯 말입니다.

관심이 지나쳐 매일 물을 주고, 그 잎 또한 매일 닦아 주면
뿌리는 많은 수분으로 빨리 썩을 테고,
그 잎은 면역력이 없어져 병균에 저항없이 시들해지는 것처럼
자식 또한 지나친 관심과 독촉보다는
시간이 걸리더라도 믿고서 기다려 주고
진심으로 응원만 하는 것도 좋을 것 같습니다.

다 귀합니다. 어디 귀하지 않고 소중하지 않음이 있을까요.
가끔은 지켜볼 줄도 아는 여유로움이
그리고 "잘 할거야!" 하는 믿음으로 함께 해 주면 좋겠습니다.

8

앞에서 하는 말과, 돌아서서 하는 말이 틀리게 들리니
웃어 주고 싶어도 안 되는게 많습니다.

이기심에서 비롯된 행동엔
배려도 없고, 양보는 더욱 없습니다.

더불어 함께 사는 세상, 좀 손해도 보고
좀 덜 받기도 하면 안 되는 걸까요?
대가보다 더 일을 해서도 안 되고, 대가보다 십 원이라도
덜 챙겨 받으면 난리가 납니다.

우리 가끔은 이해라는 단어를 마음에 품었다가
무조건 화부터 내지 말고 먼저 사정을 들어보고 이해하는
그리고 해결 방안을 찾아볼 수 있는
아주 조금은 여유로운 삶이길 바래 봅니다.

성질은 누구나 낼 줄 압니다.
그리고 이해와 배려 또한 누구나 꺼낼 쓸 수 있는 마음입니다.
우리 이왕이면 둥글고 예쁜 말만 골라 사용했으면 참 좋겠습니다.

9

“아 글쎄 말입니다. 당신만 알고 있어야 해요. 비밀 꼭 지켜 주시구요.
사실은요, 세상에～～～ㅇㅇㅇ하고 그러고 그랬다고 하네요.“
거짓 뉴스가 난무하는 세상이기에
도대체가 무엇이 사실이고 진실인지 헷갈립니다.

가깝고 친하다는 이유로 당신과 내가 깊은 유대감이 있어서라고
비밀 이야기를 건넸다고들 합니다. 그럼 들은 만큼만 전달하든지
보태거나, 과장되고 부풀려서는 절대 해선 안 되는 게 아닐까요.

이 세상엔 비밀이란 없는가 봅니다.
그건 바꾸어 말하면 믿을 만한 사람도 없다는 뜻이겠지요.

확실하지 않는 말로 인해 받아들이는 당사자는
치유할 수 없는 상처의 깊이가 늪처럼 깊어지고,
결코 지워지지 않는 상흔으로 남는다는 것을
이미 우린 알고 있잖아요.

투명하고 깨끗한 서로가 서로를 믿어 주는
그런 멋진 나날들 되셔요.

10

지치고 힘들 때 옆에서
"으쌰~~~" 하며 붙잡아 주는 응원군이 있다면
참 좋겠습니다.
할 수 있다고, 다 잘 될 거라고, 엄지 척 치켜 주며 웃어 준다면
앞으로 성큼 내디딜 수 있을 것 같습니다.

보이지 않는 곳에서라도 끝까지 믿으며 용기를 주는 것,
그리고 흔들림 없이 지켜봐 준다면
상대는 최선을 다할 것이라 믿습니다.

어렵습니다.
침체된 경기가 헤어 나올 수 없는 늪으로 한없이 빠져드니
여기저기선 도미노처럼 쓰러지기도 합니다.
힘을 내고 싶어도 앞이 안 보이니 일어설 엄두도,
기력도 없는 요즘입니다.

그래도 같은 마음으로
모두가 원하는 바 그대로 이루어지고,
하고자 하는 모든 일 자유로이 행할 수 있는
그런 멋진 날들을 진심 소망해 봅니다.

11

반듯한 간판도 없는 허름한 식당에서 김이 모락모락나는
할머니표 손두부를 같이 먹고픈 사람이,

클래식 음악이 잔잔하게 깔리고,
스테이크와 부드러운 스프와 화이트 와인을 함께 하고픈 사람이,

주황빛 포장마차 속 간이의자에 앉아
밤하늘 별들을 떼어다 잔을 채우고
따끈한 오뎅국물과 야무지게 매운 닭발을 함께 하고픈 사람이
바로 당신이었으면 좋겠습니다.

가끔은 부담 없으면서 배 부르고
가끔은 분위기에 취할 줄도 알고
또 가끔은 주황빛에 따스하게 물든 소박함을 아는 당신이 좋습니다.

만족이란 욕심을 버리고 비우는 만큼 느끼는 점이 하늘만큼 넓고,
행복이란 볼품없는 것일지언정 감사하는 마음만 있다면
그 느낌은 저 바다만큼 광대할 것입니다.

아시죠? 함께 할 수 있음이 진정 행복입니다.

12

살다 보면 불행보다는 행복이,
슬픔보다는 기쁨이 더 많으실 테고, 그리고
최고의 전성기 또한 누구나 한 번씩은 꼭 있으리라 믿습니다.

다만 지금이 전성기인지 아닌지 느끼지 못할 뿐 아닐런지요.

저 잘난 맛에 산다고들 하잖아요.
뭐 어때요. 잘났으니 뽐내는 것일 터,
시기하고 속 쓰려 배 아파하면 나만 못난이 되는 거잖아요.
그렇다고 내 일처럼 좋아해 주자니
그것도 억지로는 잘 안 되는 것이
자연스러움 맞습니다.

지금 이 순간 희망을 놓지 않고 있다면 당신이 서 있는 지금이
최고의 전성기가 아닐런지요.
상대의 행복도 진정 나의 행복으로,
서로가 챙겨 주고, 밀어 주고, 잡아 주는
아름다운 세상을 소망해 봅니다.

당신은 이미 최고이십니다.
날마다 웃음꽃 활짝 피는 따스한 날 되셔요.

13

나름의 기준에, 받아들이는 입장에 늘 긍정이 깔려 있다면
험한 세상일지언정 아름답게 보일 것이라 믿습니다.

어깃장을 놓는 말에도, 배배 꼬아 던진 비꼬는 말에도
건성건성 얼버무리는 말에도
나름의 이유가 있다고 먼저 이해해 줄 수 있다면,
오해와 곡해가 있을 수 있을까요.

다만 상대방은 어떤 상황에서도 절대적으로 변할 사람이 아닌
늘 푸른 소나무 같은 믿음이 있다면 가능한 것입니다.

어찌 매번 듣기 좋은 말만 하고
어찌 매번 찡그림없이 환하게 웃을 수 있겠는지요.
억지가 없다면 된다는 겁니다. 가끔 토라져서
삐죽 나온 오리입이 되더라도 예쁘게만 본다면
장미꽃입술로 보일 테니까요.

믿는 김에 더 많이 믿어 응원해 주고,
예뻐하는 김에 더 많이 사랑해 주세요.
당신에 대한 그 기준은
항상 믿음에서 시작하고 긍정에서 마무리되니까요.

14

세월 흘러 나이가 들어감에 삶이라는 무게는 더 무거워지고
비우고 내려놓고 살아야지 해 놓고선
어느새 매의 눈으로 살피고 있으며,
무심코 넘겨도 될 일에 꼬치꼬치 알고자 파헤치는 습성이
자신도 모르게 생겼음을 아시는지요.

기껏 귀를 쫑긋 세워 봄은 내 험을 흉할까 봐 두려워서이고,
쉴새없이 종알대는 입에선 부풀려진 허세와 포장된 과장과
형식적인 칭찬말들이 쏟아지지 않던가요.

나이가 들어 채워지는 여유라고는 없고
난데없는 성급함이 자리하더니
인색함과 옹졸함은 덤으로 따라왔을 겁니다.

이왕이면 자신보다 더 좋은 인맥과 교류하고 싶고,
더 나은 경제력이 있는 층과 맺어지길 원함은 본능이겠지요.

우린 그러지 말자구요. 내 주머니 얄팍해도 따뜻한 인간미가 있고, 포근한 정이 있다면 갈수록 각박해지는 세상살이 충분히 보듬어 안을 수 있을 테니까요.
아셨죠? 세월은 저 혼자 가게 놔 두시고 우린 천천히 가자구요.

15

음지가 있으니 양지가 있는 것이겠지요.
기쁨이 있어 행복함에 젖어 있을 때
슬픔에 젖어 비통함에 가슴 아파하는 이웃도 있습니다.

잘했다고 축하의 기쁨을 나눌 때
용기 내자, 잘 될 거라고 토닥이는 속상함도 있구요.

온갖 맛있는 음식을 골라 먹을 때
하루 종일 추위와 배고픔에 떠는 소외된 이웃도 있습니다.

많이 가진 자가 나누는 베풂보다
충족한 삶이 아닌 이들이 더 많은 베풂을 나누고 사는 건
아픔을 진심으로 느끼고 고달픈 힘듦을 충분히 알기 때문일 것입니다.

겨울 햇살이 음지쪽으로 더 따스하게 비추어졌으면 합니다.
기쁨과 행복과 온정이 가득 넘치고
함께 사랑도 나눌 수 있는 따뜻한 사회가 되었으면 합니다.

16

미운 사람 떡 하나 더 준다고 하죠? 왜일까요?
그 미움을 떡으로라도 덮어 버리고 싶어 하기에 그런 걸 겁니다.
그럼, 보기 싫은 사람은 자꾸 만나면 좋아질 수 있을까요?

미운 점만 찾아보니 더 미운 것이고, 싫은 점만 들추어내니
점점 더 가까이 하지 않으려 하는 겁니다.
그냥 예쁜 것만 보시고 예쁘다 하시고,
좋은 것만 꺼내서 잘한다 하셔요.
굳이 못남을 꺼내어 벽을 쌓지 않으셨으면 합니다.

상대방이 바라보는 당신 또한 백 퍼센트 다 예쁘고 고울 순 없듯이
좀 못 본 척하시면서 슬쩍 덮어도 줘 보셔요.

군자나 대인이 따로 있는 것은 아닙니다.
바로 한 발 물러설 줄 아는 당신이 바로 군자요, 대인입니다.

17

자랑과 감사함은 확연하게 차이가 있음입니다.
자랑하고 싶어서 줄줄이 늘어놓으니
아무래도 이쪽은 아랫배가 아픈가 봅니다.
상대가 순수한 마음으로 감사함으로 꺼낸 이야기에 자랑질이라며 쳇 쳇 쳇 합니다.

부러워하면 지는 거라고 했지요? 좀 지면 어떻습니까.
"와우, 대단하네, 좋겠네. 잘됐다!"
하면 서로가 좋지 않을런지요.

서로 격려도 해 주고, 서로 칭찬도 해 주고,
험담하고 흉보는 것보다
이 얼마나 예쁘고 아름다운 일인지요?

돌고 돌아 그 행운이 나에게도 반드시 올 것이며,
행복 또한 나만 비껴서 가진 않을 겁니다.

그때 나도 자랑 실컷 하면 됩니다.
다 잘 될 거라는 희망을 꼭 품고 상대의 자랑도 들어 주시면서,
박수도 힘껏 쳐 주시고, 칭찬도 춤출 정도로 해 주시고
진심으로 많이많이 기뻐해 주셔요.

함께 하기에 행복함이 두 배이고

함께 할 수 있음에 감사함과 기쁨을 느낄 수 있을 테니까요.

18

뚝배기 안에서 보글보글 끓고 있는 순두부찌개 속 계란처럼,
오븐기에서 갓 구워낸 단팥빵 속 팥소처럼
함께 하기에 더욱 빛이 나는 사람
바로 당신입니다.

지난 가을 노란 은행잎이 갈바람에 날릴 때
손 꼭 잡고 함께 했던 것처럼
함박눈 펑펑 내리는 그날도 솜사탕 같은 흰 눈을 맞으며
함께 걷고픈 사람도 오직 당신입니다.

춥습니다.
자꾸만 움츠러드는 어깨 위로 목도리 둘둘 감아 주는 손길이
당신이었으면 더욱 좋겠습니다.
생각만으로도 마음 따스함이 전해져옴을 느낄 수 있으니
행복이라 하렵니다.

당연시되는 이기적인 마음에
진정 감사함과 은혜로움을 모르고 소홀히 넘길 수 있는 부분이
있으리라 봅니다.
넓게는 한 해를 갈무리할 때,

그리고 작게는 하루 일과를 마무리할 때
아주 작은 것 하나도 놓치지 마시고
받은 은혜에 이 마음 보태어 되돌려 줄 수 있는
그런 아름다운 삶이 되었으면 합니다.

함께 할 수 있는 지금이 진정 행복입니다.

19

당연히 해 주리라고 믿고 있었는데
속절없이 약속한 시간만 흐르고
기다리고 있음을 알면서도 모른척 계속 간만 본다면
별 수 있나요? 그냥 속 편히 잊으세요.

말이 앞서는 사람은 늘 실수가 따름을 모릅니다.
실없는 사람 곁엔 결코 진실된 벗이 없는 것이지요.

못 알아 듣는 상대와 못 알아 듣는 척하는 상대와는
분명 큰 차이가 있음이니까요.

선심 쓰 듯 툭 내뱉는 말도,
실천하기 힘든 속 훤히 들여다보이는 허세는 이젠 그만 하자구요.
있는 그대로의 모습도 참 좋습니다.
지금 그대로의 모습도 엄청 큰 매력이 있음이니
굳이 미사여구 보태어 포장도, 덧씌우지도 마셔요.

어디 하루 이틀 벗인가요?
우린 지금도 그랬지만 앞으로도 쭈욱 함께 할
영원한 서로의 지기 아닐런지요.

당신의 순수한 모습이 좋습니다.

함께 하는 것만으로도 참으로 행복합니다.

〈발 문〉

그래 좋아 나여서

덕산(德山) 김덕권《金德權(吉鎬)》

· 전 원불교 문인협회장
· 전 원불교 청운회장
· 전 원불교 모려회장
· 다음카페 〈덕화만발〉 운영자

카페《덕화만발》의〈안녕 김경희님의 시 사랑방〉방주(房主) 안녕 김경희 시인께서 이번에 수필집『그래 좋아 나여서』를 '도서출판 배문사' 에서 출간하였습니다. 2018년 시집『무궁화 꽃이 피었습니다』에 이은 첫 에세이집입니다. 출간 전, 느닷없이 김 시인에게서 전화가 왔습니다.

"새로 출간하는 수필집 '그래 좋아서' 의 발문(跋文)을 써주세요."라는 부탁이었지요. 막무가내로 꼭 제가 써야 한다는 강권에 못 이겨 수락을 하고 말았습니다. 출판사에서 보내온 원고를 읽기 시작했습니다.

체력도 달리고, 무엇보다도 눈이 시원치 않아 요즘 신문도 읽지 않는 저입니다. 한줄 한줄 읽어가다가 수필집에 빠져들기 시작했습니다. 그러나 자칫 이 아름다운 책에 큰 폐를 끼칠 것 같은 두려움에 밤잠을 설치고 말았습니다.

물 흐르듯이 써내려간 아름다운 문장, 진솔하기 짝이 없는 김 시인의 고백에 저는 그만 저도 모르게 감동의 눈물을 흘리고 말았습니다. 안녕 김경희 시인과는 오래 전 갑자기 덕화만발 카페에 시를 올리기 시작한 때부터 아름다운 인연(因緣)을 가꾸어 왔습니다.

그런 연고(緣故)로 저는 김 시인을 알 만큼 안다고 자부해 왔습니다. 그러나 그게 아니었습니다. 치열하게 살아온 인생역정(人生歷程)! 저 역시 파란만장한 인생을 살아왔다고 생각했지만, 김 시인은 그야말로 처연(悽然)하리 만치 고통스럽고 고단한 삶 속에서 지금의 아름다움을 일구어 냈기 때문입니다.

〈p-102, 전환점〉

「한평생을 100이라 긋는다면, 난 그 절반의 전환점에서 새로이 고개를 들고 힘찬 발걸음을 내딛는 출발 선상에 서 있는 것이다. 하늘의 뜻을 아는 지천명, 오십이라는 숫자와 함께 찾아온 병마, 받아들이긴 결코 쉽지 않았지만, 억울해 눈물이 나기보다는, 인생을 살면서 지금껏 세상과 싸워 왔다면, 앞으로 나 자신에게 찾아온 병마와 싸워야 함에 참 어이없음으로 많이 울었다. '잡으려는 순간순간을, 놓치며 살아온 시간들을 찾으라고 멋진 휴가를 받았구나!' 하고 마음을 돌려 먹으니 생기 띤 웃음을 웃을 수 있었다.」

〈p-127, 꿈길에서〉

「병석에 누운 지 3년째, 삶을 쉽게 포기하는 사람이 과연 있을까? 무덤덤하게 받아들일 수 있는 경지에 쉽게 다가갔으면 좋겠다. 아마도 고열이 가져온 혼절이 며칠 동안 옆자리를 지키게 했을 테고, 그 사람은 잠시 쪽잠으로 대신하고자 했을지도 모른다. 이렇게 덩그러니 나만 있게 하진 않았을 텐데, 그냥 고열 속에서 힘들게 붙잡은 인연의 줄을 슬그머니 놓았다면 좋았을 것을. 하나님도 무심하시지, 또 다시 세상에 버려진 짐짝으로 힘겨운 고통 속에 눈을 뜨게 하셨다.」

어떻습니까? 저는 팔십 평생을 넘게 살면서도 이처럼 처절한 삶을 맛보진 못했습니다. 애써 김 시인의 고백을 옮길 수가 없어서 그 중, 웬만한 대목을 조금 옮겨 본 것입니다. 인간에게만 암(癌)이라는 고약한 병이 찾아오는 것일까요? 아마 이 암처럼 통증이 심한 병도 없다고 들었습니다.

정말 하늘도 무심하시지, 이렇게 착하고 열심히 아름답게 살아온 김 시인에게 신(神)은 왜 이런 몹쓸 병마와 싸우게 하는 것일까요? 이것도 어쩌면 진리께서 내리시는 시험일지도 모릅니다. 그렇다면 이 시련 뒤에 오는 것은 분명 행복일 것이라고 저는 소리쳐 외칠 것입니다.

살 만큼 산, 낙조(落照)의 황홀함을 맛본 저 같은 사람에게 만약 이런 병마가 찾아온다면, 그것은 차라리 축복일 수도 있습니다. 그런데 한사코 열심히 인생을 노래하는 아직도 청춘인 김 시인에게 이런 엄청난 시련을 주신 것은 진정 하늘의 소명(召命)이 있을 것입니다.

그 소명이 무엇일까요? 소명은 어떤 일이나 임무를 하도록 부르는 진리의 명령을 말합니다. 아마도 진리께서 바라는 경희 시인의 소명은 이 메마르고 각박하기 짝이 없는 세상에 맑고 밝고 훈훈한 사랑의 복음(福音)을 전하라는 진리의 요청이 아닐까요?

지금까지 그 무서운 병마를 잘 이겨 내셨습니다. 이제 누구보다도 편안히 몸을 돌봐야 하는 경희 시인이 또다시 삶의 현장에서 치열하게 애쓰시는 모습을 저는 더 이상 볼 수가 없습니다. 그러나 진리의 소명을 받으신 경희 시인의 입장에서 서면『그래 좋아 나여서』가 아닐까요?

우리 모두 아름다운 인연으로 맺어진 도반(道伴)이고 동지(同志)입니다. 경희 시인의 문운(文運)과 건강, 그리고 행복을 함께 빌어 주면 얼마나 좋을까요!

단기 4353년, 불기 2564년, 서기 2020년, 원기 105년 4월 일

덕산 김덕권(길호) 합장

그래 좋아 나여서

■

지은이 | 김경희

■

1판 1쇄 발행 2020년 4월 24일

■

펴낸이 | 길명수

펴낸곳 | 배문사

출판등록 1989년 3월 23일, 제10-312호

주소 서울시 서대문구 경기대로 76

전화 (02)393-7997

팩스 (02)313-2788

e-mail pmsa526@empas.com

■

편집 인쇄 삼중문화사

ISBN 89-87643-05-2 (03810)

값 15,000원